O MELHOR DE Roberto Carlos

VOLUME II

Melodias e letras cifradas para guitarra, violão e teclados
Coordenação de Luciano Alves

Nº Cat.: 254-A

Irmãos Vitale Editores Ltda.
vitale.com.br
Rua Raposo Tavares, 85 São Paulo SP
CEP: 04704-110 editora@vitale.com.br Tel.: 11 5081-9499

© Copyright 1997 by Irmãos Vitale Editores Ltda. - São Paulo - Rio de Janeiro - Brasil.
Todos os direitos autorais reservados para todos os países. *All rights reserved.*

Dados Internacionais de Catalogação na Publicação (CIP)
(Câmara Brasileira do Livro, SP, Brasil)

Carlos, Roberto, 1943-
  O Melhor de Roberto Carlos, Volume II : melodias e letras cifradas para guitarra, violão e teclados / coordenação de Luciano Alves. – São Paulo : Irmãos Vitale, 1998.

ISBN 85-7407-028-9
ISBN 978-85-7407-028-5

  1. Guitarra – Música   2. Teclado – Música   3. Violão – Música   I. Alves, Luciano.   II. Título.

98-0825   CDD-786. 787.87

Índices para catálogo sistemático:

1. Guitarra: Melodias e cifras : Música   787-87
2. Teclado: Melodias e cifras : Música   786
3. Violão: Melodias e cifras : Música   787-87

Créditos

Produção geral e editoração de partituras
Luciano Alves

Assistentes de editoração musical
Rogério Gomes e Patrícia Regadas

Transcrições das músicas
Guilherme Maia, Alessandro Valente e Rogério Gomes

Revisão musical
Claudio Hodnik

Capa
Olive & Ristow

Ilustração
Claudio Duarte

Produção gráfica
Marcia Fialho

Gerência artística
Luis Paulo Assunção

Produção executiva
Fernando Vitale

Índice

Prefácio	5
Introdução	7

Namoradinha de um amigo meu	9	Emoções	72
É papo firme	12	Ele está pra chegar	77
As canções que você fez pra mim	14	Seu corpo	80
História de um homem mau	17	É proibido fumar	84
É tempo de amar	20	Custe o que custar	86
Se você pensa	22	As curvas da estrada de Santos	89
O côncavo e o convexo	24	Como dois e dois	92
Negro gato	27	É preciso saber viver	94
Quero que vá tudo pro inferno	30	Alô	96
Parei... Olhei	32	Amigo	99
Não quero ver você triste	34	As flores do jardim da nossa casa	102
Eu te amo, te amo, te amo	36	De coração pra coração	104
As baleias	39	Fera ferida	106
O calhambeque	42	Lady Laura	109
Parei na contramão	45	Debaixo dos caracóis do seu cabelo	112
O sósia	48	Eu disse adeus	115
Despedida	51	Amada amante	118
Cavalgada	54	Lobo mau	120
O portão	57	O show já terminou	123
Falando sério	60	Eu daria a minha vida	126
Força estranha	63	Não é papo pra mim	128
Além do horizonte	66	Splish splash	130
Me disse adeus	69		

Prefácio

Apenas um Rei

Em qualquer lugar do mundo Roberto Carlos seria mais que um rei. Não de todo um povo, como aqui, mas de milhões de súditos muito especiais que, acreditando na força e no encanto de uma canção de amor, fazem de quem as canta um soberano para além da vida.

É preciso explicar melhor. Roberto Carlos, mesmo considerando os iêiêiês dos primeiros tempos, as experiências ecológicas, os vôos nas asas da religiosidade ("Jesus Cristo, eu estou aqui..."), é antes de tudo um cantor romântico. Poucos, em qualquer idioma, interpretam com tanta empatia e justeza as coisas simples do amor, o dia a dia dos amantes, o lirismo sem rebuscamento dos enamorados de sempre. É o melhor Roberto Carlos. Rei de um povo, aqui, mas certamente mais que um rei onde quer que o entendam.

Mas por que não é mais que um rei também no Brasil? Atrevo-me a uma afirmativa que talvez me venha custar patrióticos puxões de orelha: nós, brasileiros, não somos gente muito romântica. Ou melhor, é possível que o sejamos, só que tímida, interior, velada, secretamente. Digamos que somos românticos enrustidos, quase sem jeito, encabulados, com vergonha mesmo de declararmos nossa paixão a todo instante. Como se fosse feio, piegas, brega, ridículo, dizer "eu te amo" em público. Torcemos o nariz aos boleros mexicanos, aos tangos argentinos, às lindas canções francesas e italianas, às melhores baladas americanas, sempre que elas nos falam de dramas e tragédias amorosas. Ou por não gostarmos, mesmo, ou por as acharmos pouco sofisticadas, nada modernas, fora de moda. No entanto, os de lá adoram. Agustin Lara, Gardel, Piaf, Modugno, Sinatra, são todos eternos. Roberto Carlos também, embora nem sempre o reconheçamos.

É verdade que o mundo inteiro se tornou menos romântico na segunda metade do século. E a própria música – reflexo sonoro de todas as coisas – se fez menos melódica, menos poética, menos apaixonada em toda a parte. Sinal dos tempos, sem dúvida. Do *rock* ao *rap*, novos gêneros vieram para refletir dias mais turbulentos, mais cínicos, mais marcados pela violência e pelo desamor. Ódios de vários matizes viraram mote de novas canções. Insultos, rajadas de metralhadoras, bombas explodindo, escatologia, viva às drogas, tudo isso está hoje em letra de música. Mas, o amor, onde fica nessa história? Certamente no peito daqueles súditos especiais que o soberano eterno conquista com sua voz e suas cantigas. Pois, graças aos céus, ainda há quem acredite nelas.

Na noite em que recebeu o Prêmio Sharp de 1997, Roberto Carlos apontou na platéia um cantor-compositor que, para surpresa de muitos, tinha sido uma de suas mais fortes influências: Tito Madi. Isso mesmo, o Tito Madi de voz envolvente, de timbre delicado e sincero, de músicas que não tinham o menor constrangimento de serem derramadamente românticas, apaixonadas. Mas um Tito Madi injustamente esquecido no país dos durões, dos que não sentem saudade, dos que não choram por amor, dos corações de pedra, da *intelligentzia* que acha inculto, de mau gosto, abrir o coração.

É pena que Roberto Carlos seja **apenas** um rei entre nós. Deveria ser mais. As canções deste álbum – sobretudo as mais tipicamente suas, as que ele canta como se para nós, ou por nós, românticos – são jóias que em sua voz mereciam muito mais que um trono.

João Máximo

Introdução

Esta publicação apresenta, em dois volumes, diversos sucessos de Roberto Carlos, selecionados e transcritos para a pauta, na forma em que tornaram-se conhecidos na voz do cantor. Além do repertório que inclui a extensa parceria com Erasmo Carlos, acrescentei músicas de diversos outros autores que, na interpretação de Roberto, alcançaram expressivo êxito. Assim, este livro reúne e registra uma parte significativa da carreira musical do artista, como intérprete e como compositor.

Além das melodias cifradas, com as letras alinhadas em baixo, incluí, também, as letras cifradas com acordes para violão, o que torna a publicação mais abrangente, tanto quanto facilita consideravelmente a compreensão e a tarefa de "tirar" a música.

O registro das letras, melodias e cifras reflete com máxima precisão as gravações originais dos CDs. Em algumas músicas, porém, como "Emoções", "As baleias", "Amada amante", "As curvas da estrada de Santos" e "Custe o que custar", entre outras, a divisão rítmica da melodia foi escrita de forma simplificada, a fim de tornar a leitura mais acessível. Nas canções e baladas posteriores à era iê-iê-iê, Roberto Carlos não se prende a uma interpretação rígida e repetitiva; ao contrário, ela se singulariza pela amplitude de variações rítmicas da melodia - recurso que enriquece expressivamente a própria composição.

Para a notação musical, adotei os seguintes critérios:

A cifragem é descritiva, ou seja, exibe a raiz do acorde e suas dissonâncias.

Quando há um ritornelo e a melodia da volta é diferente da primeira vez, as figuras aparecem ligeiramente menores e com hastes para baixo. Neste caso, a segunda letra é alinhada com as notas para baixo, como demonstra o exemplo a seguir:

Se um instrumento solista avança por um compasso onde há voz, as melodias são escritas com hastes opostas, sem redução de tamanho.

Nas letras cifradas, as cifras dos acordes estão aplicadas nos locais exatos onde devem ser percutidas ou cambiadas, como mostra o próximo exemplo. Esta forma é mais conveniente para aqueles que já conhecem a melodia ou para os que não lêem notas na pauta.

```
      AM7                        C#7
Amanhã de manhã vou pedir o café pra nós dois
          F#m                      A7    A7(4) A7 G/B A/C#
Te fazer um carinho e depois te envolver em meus braços
```

Nos diagramas de acordes para violão, a ligadura corresponde à pestana; o "x", acima de uma corda, indica que a mesma não pode ser tocada e o pequeno círculo refere-se à corda solta. Alguns diagramas possuem ligadura e "x". Neste caso, toca-se com pestana mas omite-se a corda com "x". As cordas a serem percutidas recebem bola preta ou pequeno círculo.

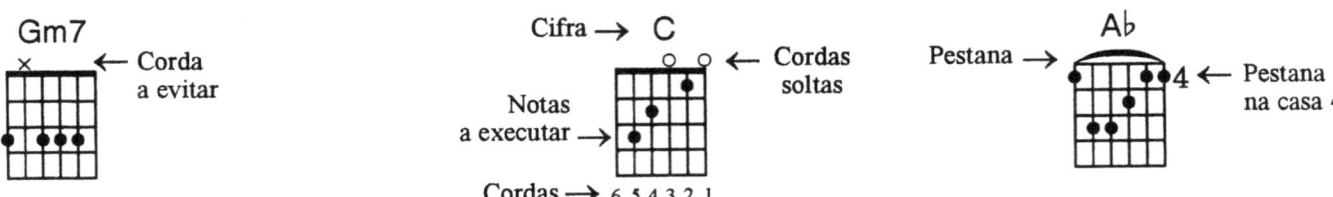

Optei, genericamente, pela utilização de posições de violão consideradas de fácil execução. No entanto, determinadas músicas que possuem baixos caminhantes ou sequências harmônicas de características marcantes exigem acordes um pouco mais complexos, o que estabelece, em contrapartida, maior fidelidade ao arranjo original da música.

Algumas músicas de subdivisão ternária são escritas em binária, na forma de *bebop* ( ). Esta convenção indica que embora a melodia esteja escrita em pares de colcheias, deve-se manter a pulsação de tercinas.

Em alguns casos, músicas gravadas originalmente em tonalidades consideradas de difícil leitura e execução para o músico iniciante, tais como Db e F#, foram transpostas um semitom abaixo ou acima, para facilitar.

Luciano Alves

Namoradinha de um amigo meu

ROBERTO CARLOS

Bm   F#m   Fm   Em   A7   F#   E

    Bm
Estou amando loucamente
        F#m
A namoradinha de um amigo meu
Bm
Sei que estou errado
         F#m
Mas nem mesmo sei
            F#m Fm Em
Como isso aconteceu

       A7   Em
Um dia sem querer
       A7   Em
Olhei em seu olhar
      F#   Bm   E F#
E disfarcei até pra ninguém notar

  Bm
Não sei mais o que faço
      F#m
Pra ninguém saber

Que estou gamado assim
Bm
Se os dois souberem
          F#m
Nem mesmo sei o que eles
       F#m Fm Em
Vão pensar de mim

   A7   Em
Eu sei que vou sofrer
        A7   Em
Mas tenho que esquecer
            F#
O que é dos ou__tros
        Bm
Não se deve ter

 E   Bm
Vou procurar alguém
 E   Bm
Que não tenha ninguém

Pois comigo aconteceu
     F#m   Bm
Gostar da namorada de um amigo meu

Comigo aconteceu
     F#m   Bm
Gostar da namorada de um amigo meu

Instrumental: Bm F#m Bm F#m Fm
                Em A7 Em A7 Em F#
                Bm E F#

Não sei mais o que faço *(etc.)*

Namoradinha de um amigo meu

ROBERTO CARLOS

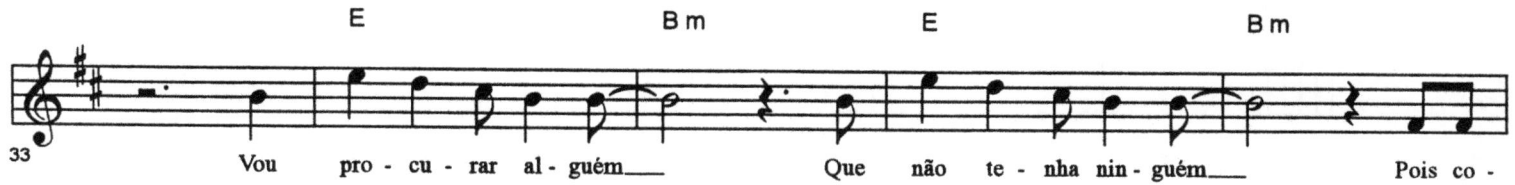

É papo firme

RENATO CORRÊA e
DONALDSON GONÇALVES

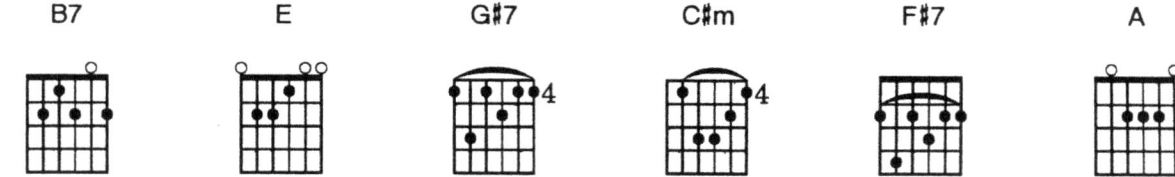

Introdução: **B7 E**

          B7
Essa garota é papo fir__me
  E
É papo firme é papo fir__me
       B7
Ela é mesmo avança__da
   E
E só dirige em dispara__da
        B7
Gosta de tudo que eu fa__lo
       E
Gosta de gíria e muito emba__lo
   G#7
Ela adora uma praia

       C#m F#7
E só anda de mini-saia
      B7
Está por dentro de tudo
F#7   **B7**
Só namora se o cara é cabeludo
E   **B**
Essa garota é papo fir__me
           E
É papo firme é papo fir__me
                B7
Se alguém diz que ela está erra__da
            E
Ela dá bronca fica zanga__da

             B7
Manda tudo pro infer__no
               E
E diz que hoje isso é moder__no

Instrumental: **E B7 E B7 E**

Ela adora uma praia *(etc.)*

FINAL:
         E   **A E**
...Isso é moder__no

©Copyright 1990 by PHONOGRAM PRODUÇÕES E EDIÇÕES MUSICAIS LTDA. Rio de Janeiro - Brasil.
Todos os direitos autorais reservados para todos os países. All rights reserved.

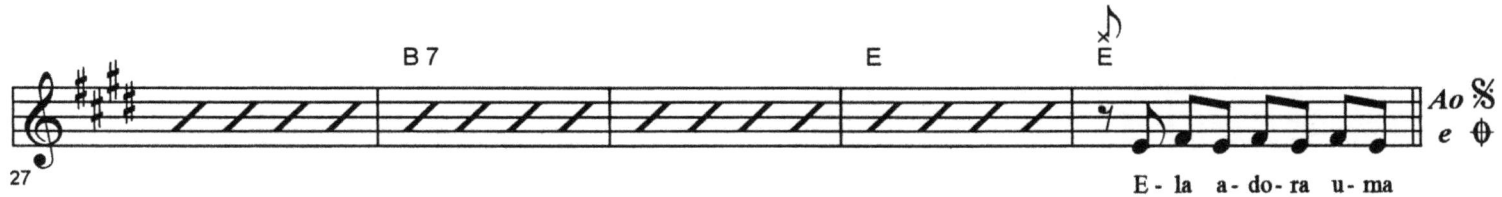
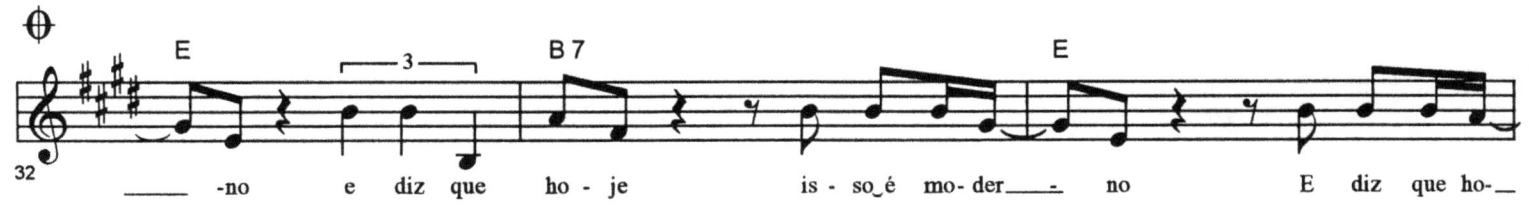

As canções que você fez pra mim

ROBERTO CARLOS e
ERASMO CARLOS

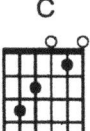 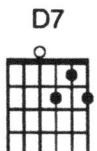 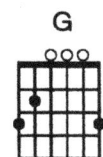 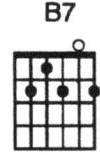 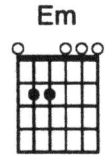 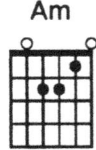 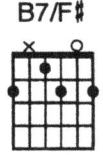 

Introdução: **C D7 G D7**

G
Hoje eu ouço as canções
B7
Que você fez pra mim

Não sei porque razão
Em
Tudo mudou assim
Am
Ficaram as canções
D7
E você não ficou

G
Esqueceu de tanta coisa
B7
Que um dia me falou

Tanta coisa que somente
Em
Entre nós dois ficou
Am
Eu acho que você
D7
Já nem se lembra mais

C
Oh, oh, oh, oh
D7
É tão difícil
G
Olhar o mundo e ver
D/F#   **Em**
O que ainda existe

Am
Oh, oh, oh
D
Pois sem você
G
Meu mundo é diferente
D7
Minha alegria é triste

G
Quantas vezes você disse
B7
Que me amava tanto

Quantas vezes eu
Em
Enxuguei o seu pranto
Am
E agora eu choro só
D7   **G   D7**
Sem ter você aqui

Instrumental: **G B7 Em Am D7**

Esqueceu de tanta coisa *(etc.)*

FINAL (fade out):

Guitarra: **G B7 Em D7 G**

♩ = 84

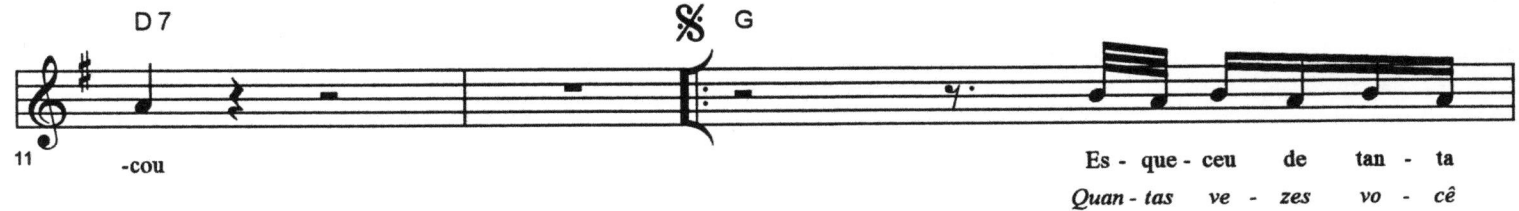

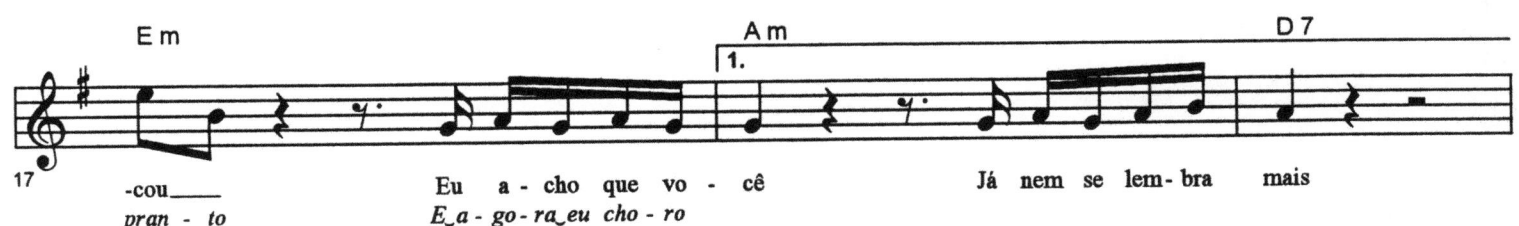

©Copyright 1968 by EMI SONGS DO BRASIL EDIÇÕES MUSICAIS LTDA.
Todos os direitos autorais reservados para todos os países. All rights reserved.

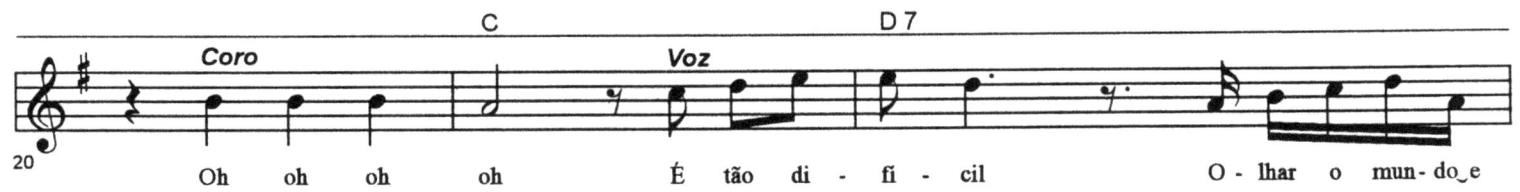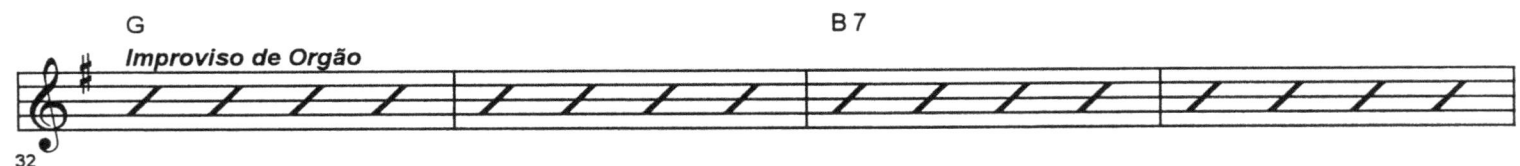

História de um homem mau

L. ARMSTRONG,
ZILNER TRETON RANDOLPH e
ROBERTO REI

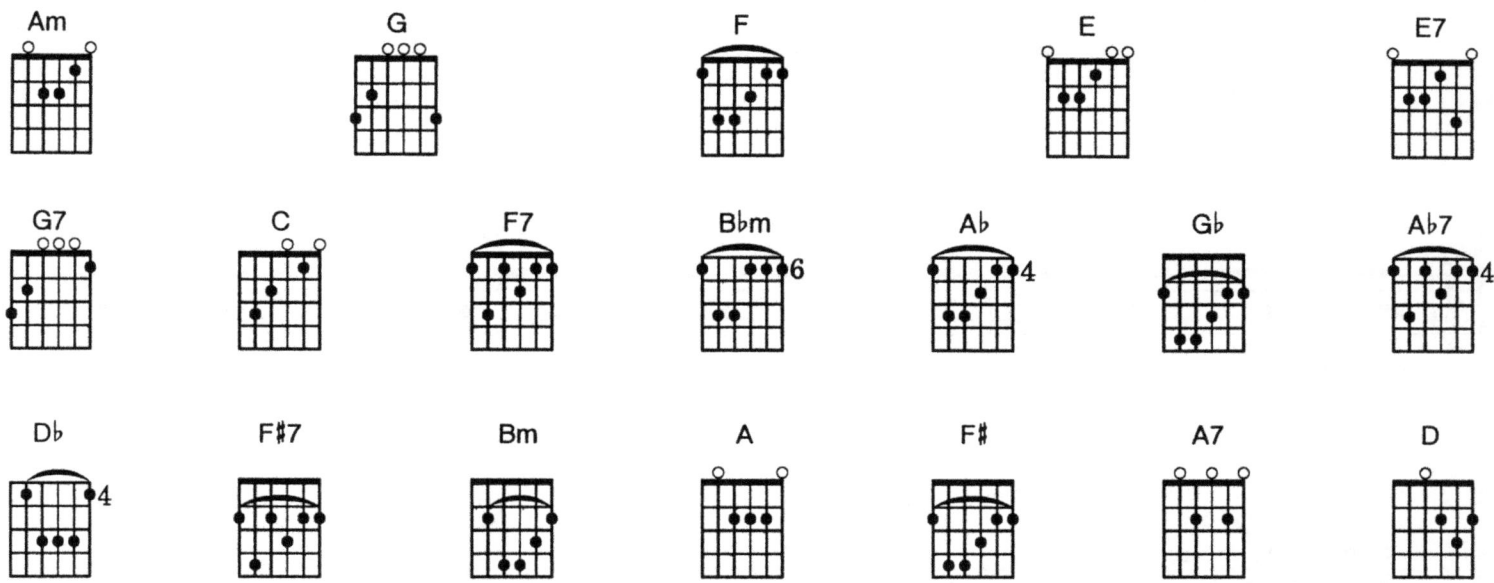

Introdução: **Am G F E Am G F E**

   Am   **G**   **F**   **E**
Eu vou contar pra todos
   Am   **G**   **F**   **E**
A história de um rapaz
   Am   **G**   **F**   **E**
Que tinha há muito tempo
   Am **G**   **F** **E**
A fama de ser mau
   Am   **G F** **E**
Seu nome era temido
   Am G   **F E**
Sabia atirar bem
   Am **G F** **E**
Seu gênio violento
   Am   **G**   **F E**
Jamais gostou de alguém
Am G **F**   **E**
E ninguém jamais
Am **G F E**
Viveu pra dizer
   Am **G F** **E**
Que o contrariou
E7   **Am G7**
Sem depois morrer
C
Nos duelos nem piscava
G
No gatilho ele era o tal
C
Todos que o desafiavam
E7   **Am F**
Tinham seu final

   Bbm **Ab**   **Gb** **F**
Mas eis que numa tarde
   Bbm Ab   **Gb** **F**
Alguém apareceu
   Bbm Ab   **Gb** **F**
Com ele   quis lutar
   Bbm **Ab**   **Gb** **F**
E o mundo até tremeu
   Bbm **Ab**   **Gb** **F**
Marcaram numa esquina
   Bbm Ab **Gb** **F**
Antes do por do sol
     Bbm Ab **Gb F**
E todos já sabiam
    Bbm Ab **Gb** **F**
Que um   ia morrer
Bbm Ab Gb   **F**
Nesse dia porém
   Bbm **Ab Gb** **F**
O homem mau tremeu
Bbm **Ab Gb**   **F**
Logo entrou num bar
   F7   **Bbm Ab7**
E no bar bebeu
Db
Ninguém tinha visto ainda
   Ab
O homem em tal situação
Db
Mas somente ele sabia
F7   **Bbm F#7**
Qual era a razão
   Bm   **A**   **G**   **F#**
Chegando então a hora

   Bm   **A**   **G F#**
Do outro encontrar
   Bm **A**   **G**   **F#**
Chegando na esquina
   Bm   **A**   **G F#**
Parou para olhar
   Bm **A**   **F#**
O outro estava firme
   Bm A   **G F#**
Com a arma na mão
   Bm **A** **G** **F#**
Fazia   grande alarde
   Bm **A G F#**
Fazendo sensação
   Bm   **A G F#**
O homem mau então
   Bm **A G**   **F#**
Quis logo matar
   Bm A G **F#**
E no valentão
   F#7   **Bm A7**
Quis logo atirar
   D
E depois de um tiroteio
   A
Todo mundo estremeceu
   D
Quando um grito se ouviu
   F#7   **Bm A G F# Bm A G F#**
O homem mau morreu

FALANDO:

   Bm A G F#   **Bm**
Esta é a história de um homem mau

História de um homem mau

LOUIS ARMSTRONG,
ZILNER TRENTON RANDOLPH e
ROBERTO REI

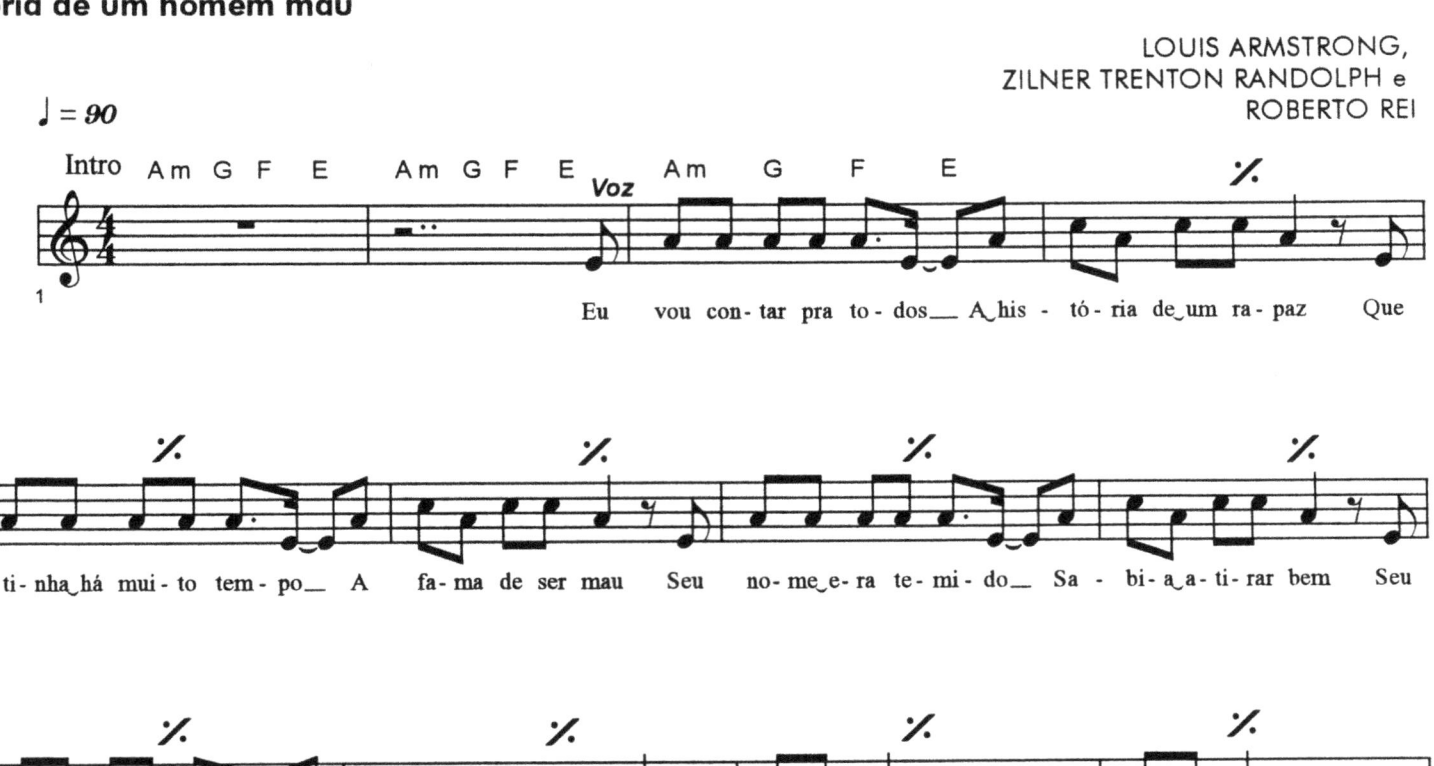

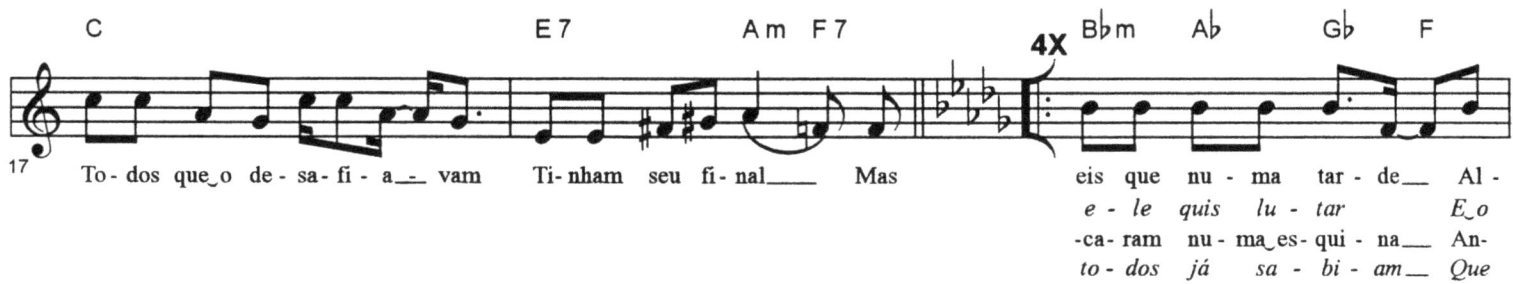

©Copyright by WARNER CHAPPELL EDIÇÕES MUSICAIS LTDA.
Todos os direitos autorais reservados para todos os países. All rights reserved.

Falando: Esta é a história de um homem mau.

É tempo de amar

JOSÉ ARI e
PEDRO CAMARGO

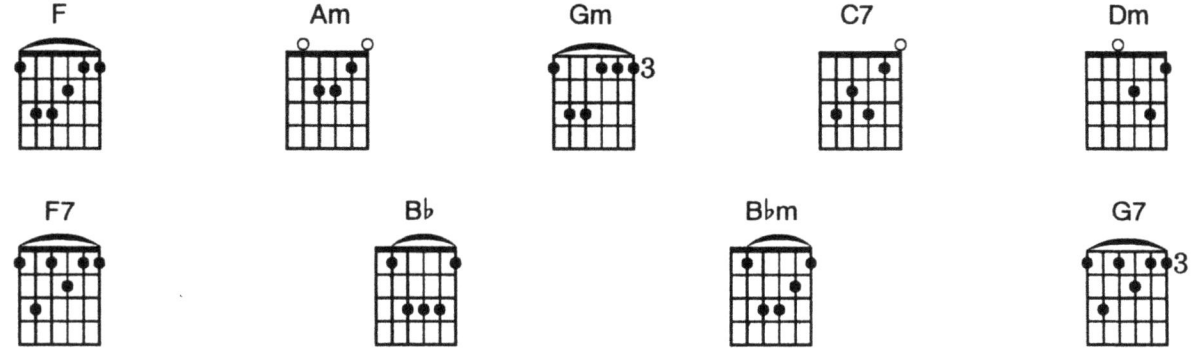

Introdução (duas vezes): **F Am Gm C7**

F   Dm   Am   F7
Nunca mais me fale assim

 Bb   Bbm F   Dm
E deixe de chorar

 Bb   C7
Menina diga que você

         Am   Dm
Por toda a sua vida vai me querer bem

 G7   Gm C7
Eu juro que não vou deixar de querer também

F   Dm   Am   F7
Deixe de ser triste assim

 Bb   Bbm F   Dm
Esqueça o que passou

 Bb   C7
Esqueça que você chorou

          Am   Dm
Carinha de tristeza não lhe fica bem

 Gm   C7   F   F7
É tempo de saber amar   o amor que vem

 Bb   Am
Menina eu também já fui de chorar

 Gm   C7   F   F7
Sofrer por causa de um amor

 Bb   Am
Depois que a gente vive aprende por fim

 G7   Gm C7
Que o amor não se resolve assim

Instrumental: **F Dm Am F7 Bb Bbm F Dm**
              Bb C7 Am Dm G7   Gm C7

FALANDO: Não fique triste
         Esqueça o que passou
         Esqueça até que você chorou
         Carinha de tristeza não lhe fica bem
         É tempo de amar

Deixe de ser triste assim *(etc.)*

Se você pensa

ROBERTO CARLOS e
ERASMO CARLOS

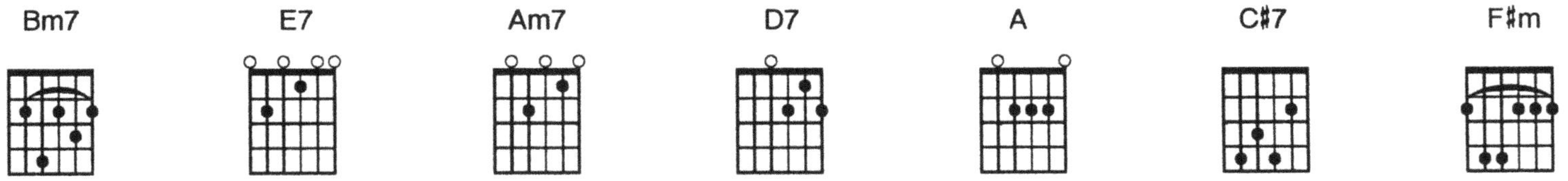

| Bm7 | E7 | Am7 | D7 | A | C#7 | F#m |

Introdução: **Bm7 E7 Bm7 E7**

Am7   **D7**
Se você pensa que vai fazer de mim
Am7   **D7**
O que faz com todo mundo que te a__ma
Am7   **D7**
Acho bom saber que pra ficar comi__go

           E7
Vai ter que mudar

        A
Daqui pra frente
          C#7
Tudo vai ser diferente
                            F#m
Você tem que aprender a ser gen___te
                      Bm E7 Bm E7
Seu orgulho não vale nada   nada

Am7   **D7**
Você tem a vida inteira pra viver
Am7   **D7**
E saber o que é bom e o que é ruim
Am7   **D7**
É melhor pensar depressa e escolher
               E7
Antes do fim

          A
Você não sabe
                  C#7
E nunca procurou saber
                              F#m
Que quando a gente ama pra valer
                             Bm7 E7 Bm7 E7
Bom mesmo é ser feliz e mais na__da   na___da

Instrumental: **A C#7 F#m Bm7 E7 Bm7 E7**

Se você pensa que vai *(etc.)*

©Copyright by SERESTA EDIÇÕES MUSICAIS LTDA.
Todos os direitos autorais reservados para todos os países. All rights reserved.

O côncavo e o convexo

ROBERTO CARLOS e
ERASMO CARLOS

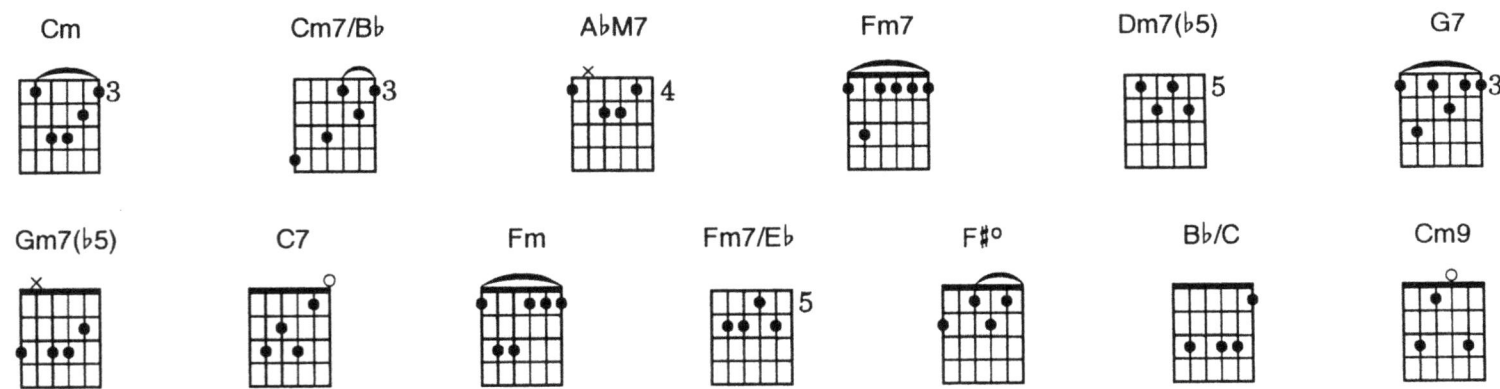

Introdução: **Cm Cm7/Bb AbM7**
Fm7 Dm7(b5) G7

Cm
Nosso amor é demais
Cm7/Bb
E quando o amor se faz
AbM7
Tudo é bem mais bonito
Fm7   Dm7(b5)
Nele a gente se dá
G7
Muito mais do que está
Cm
E o que não está escrito
Gm7(b5)
Quando a gente se abraça
C7
Tanta coisa se passa
Fm
Que não dá pra falar
Fm7/Eb   Dm7(b5)
Nesse encontro perfeito
F#°
Entre o seu e o meu peito
G7
Nossa roupa não dá

Cm
Nosso amor é assim
Cm7/Bb
Pra você e pra mim
AbM7
Como manda a receita
Fm7   Dm7(b5)
Nossas curvas se acham
G7
Nossas formas se encaixam

Gm7(b5)
Na medida perfeita
C7   Fm7
Esse amor é pra nós
G7
A loucura que traz
Cm
Esse sonho de paz
Cm7/Bb
E é bonito demais
AbM7
Quando a gente se beija
Dm7(b5)
Se ama e se esquece
G7   Gm7(b5)
Da vida lá fora
C7   Fm
Cada parte de nós
G7
Tem a forma ideal
Cm
Quando juntas estão
Cm7/Bb
Coincidência total
AbM7
Do côncavo e o convexo
Dm7(b5)
Assim é o nosso amor
G7   Cm
No sexo

Intro 2: **Cm Cm7/Bb AbM7 Fm7**
Dm7(b5) G7 Bb/C C7

Esse amor é pra nós (etc.)

FINAL:
G7   Cm9
No sexo

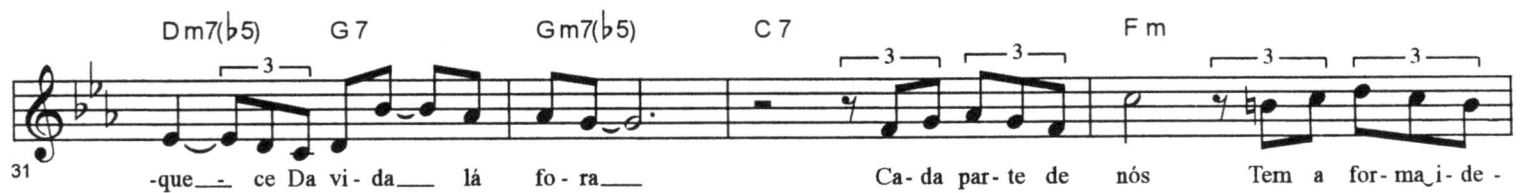

Negro gato

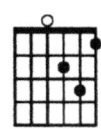

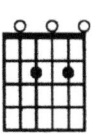

GETÚLIO CORTÊS

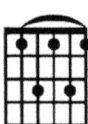

Dm   Bb7   A7   Gm

Introdução: **Dm Bb7 A7 Dm Bb7 A7 Dm**

Dm
Eu sou um negro gato de arrepiar

E essa minha vida é mesmo de amargar

Só mesmo de um telhado aos outros desacato
      Bb7 A7   Dm
Eu sou um ne__gro ga__to
      Bb7 A7   Dm
Eu sou um ne__gro ga__to

Dm
Minha triste história vou lhes contar

E depois de ouví-la sei que vão chorar

Há tempos que eu não sei o que é um bom prato
      Bb7 A7   Dm
Eu sou um ne__gro ga__to
      Bb7 A7   Dm
Eu sou um ne__gro ga__to

Dm
Sete vidas tenho para viver

Sete chances tenho para vencer

Mas se não comer acabo num buraco
      Bb7 A7   Dm
Eu sou um ne__gro ga__to
      Bb7 A7   Dm
Eu sou um ne__gro ga__to

Dm
Um dia lá no morro, pobre de mim

Queriam minha pele para tamborim

Apavorado desapareci no mato
      Bb7 A7   Dm
Eu sou um ne__gro ga__to
      Bb7 A7   Dm
Eu sou um ne__gro ga__to

Instrumental: **Dm Gm Dm Bb7 A7 Dm**

Sete vidas tenho *(etc.)*

Negro Gato

GETÚLIO CORTÊS

Quero que vá tudo pro inferno

ROBERTO CARLOS e
ERASMO CARLOS

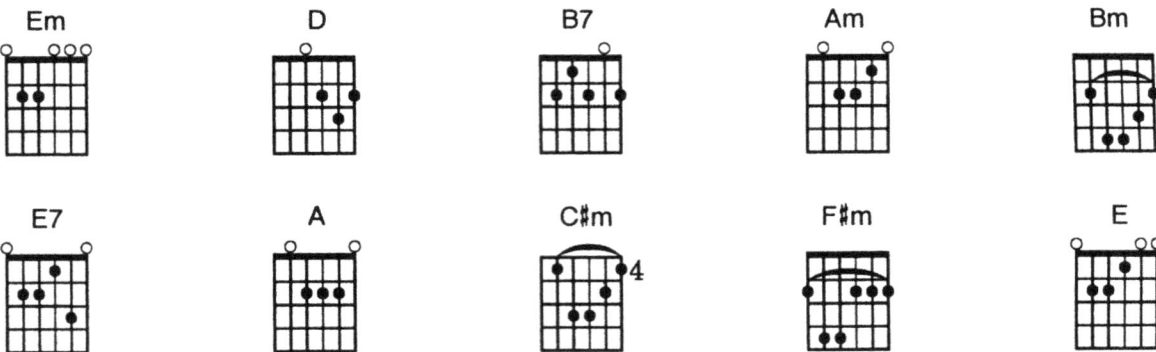

Introdução: Em D Em D Em D B7

Em   Am   B7
De que vale o céu azul e o sol sempre a brilhar
Em   Am   B7
Se você não vem e estou a lhe esperar
Bm   E7   Bm   E7
Só tenho você   no meu pensamen__to
Bm   E7   A   B7
E a sua ausên__cia é todo o meu tormento
A   B7   E   C#m
Quero que você   me aqueça neste inverno
A   B7   Em
E que tudo mais vá pro infer__no

                    Am   B7
De que vale a minha boa vi__da de playboy
Em   Am   B7
Se entro no meu carro e a so__lidão me dói
Bm   E7   Bm   E7
Onde quer que eu an__de tudo é tão tris__te

Bm   E7   A   B7
Não me interes__sa o que de mais existe
A   B7   E   C#m
Quero que você   me aqueça neste inverno
A   B7   Em
E que tudo mais vá pro infer__no

Bm   E7   Bm   E7
Não suporto mais você longe de mim
Bm   E7   A   F#m
Quero até morrer do que viver assim
A   B7   E   C#m
Só quero que você me aqueça neste inver__no
A   B7   E   C#m
E que tudo mais vá pro infer_no uh oh oh oh
A   B7   Em
E que tudo mais vá pro infer__no

Instrumental: Em Am B7 Em Am B7
              Bm E7 Bm E7 Bm E7
              A B7 A B7 E C#m A B7 Em

Não suporto mais *(etc.)*

©Copyright 1965 by IRMÃOS VITALE S.A - São Paulo - Brasil.
Todos os direitos autorais reservados para todos os países. All rights reserved.

Parei... Olhei

ROSSINI PINTO

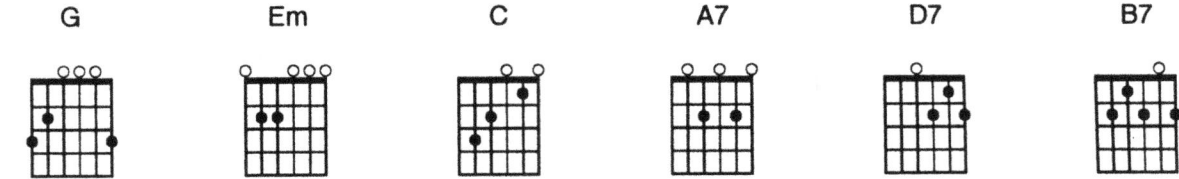

   G   Em
Parou, olhou
 G   Em
Depois sorrindo se afastou
 C   G
O meu coração se enamorou
 A7   D7
Eu acho que me apaixonei

   G   Em
Parei, olhei
 G   Em
E vi ternura em seu olhar
 C
E num piscar de olhos
 G
Fugiu de mim
 D7   G
E nem o seu nome eu sei

       B7
E agora eu vivo a procurar
 Em
Aquele olhar
 B7   Em
Botei até anúncio no jornal
 A7   D7
Fiz juras fiz promessa para encontrar
 A7   D7
Passei milhões de vezes no local

       G   Em
Porém, se Deus
 G   Em
Me der a graça de encontrar
 C   G
Aquela bonequinha não vai mais fugir
 D7   G
Pois com ela eu vou me casar

Instrumental (2 vezes): **G Em G Em C G D7 G**

E agora eu vivo a procurar *(etc.)*

FINAL: **Parei**

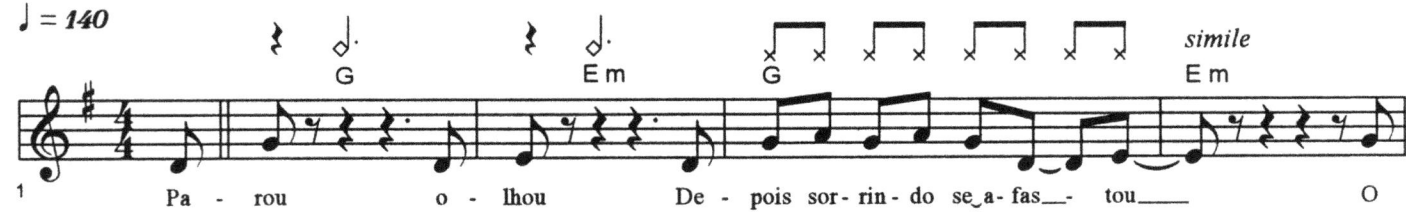

©Copyright 1964 by EMI SONGS DO BRASIL EDIÇÕES MUSICAIS LTDA.
Todos os direitos autorais reservados para todos os países. All rights reserved.

Não quero ver você triste

ROBERTO CARLOS e
ERASMO CARLOS

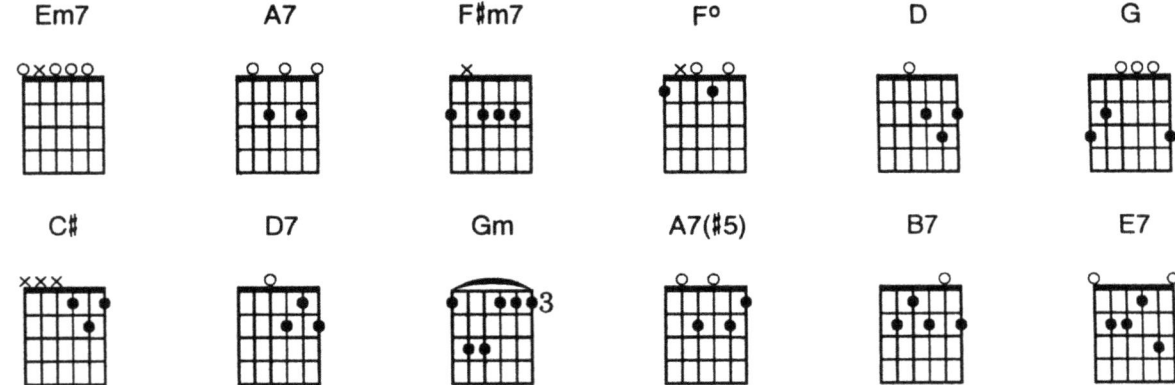

FALANDO:

O que é que você tem?

Conta pra mim

Não quero ver você triste assim

Não fique triste

O mundo é bom

A felicidade até existe

Enxuga a lágrima

Pare de chorar

Você vai ver tudo vai passar

Você vai sorrir outra vez

Que mal alguém lhe fez?

Conta pra mim

Não quero ver você triste assim

Olha, vamos sair

Pra que saber onde ir?

Eu só quero ver você sorrir

Enxugue a lágrima não chore nunca mais

E olha que céu azul

Azul até demais

Esqueça o mal

Pense só no bem

Que assim a felicidade um dia vem

Agora uma canção canta pra mim

Não quero ver você tão triste assim

Eu te amo, te amo, te amo

ROBERTO CARLOS e
ERASMO CARLOS

Chord diagrams: F#, C#7, B, Bm, F#m, D7, E7, A, D

Introdução: **F#**

F#   **C#7**
Tanto tempo longe de você
B   **F#**
Quero ao menos lhe falar
                C#7
A distância não vai impedir
                    F#
Meu amor de lhe encontrar

Bm   **F#m**
Cartas já não adiantam mais
Bm   **F#m**
Quero ouvir a sua voz
Bm   **F#m**
Vou telefonar dizendo
                   D7
Que eu estou quase morrendo
              C#7
De saudade de você

F#   **B**   **F#**
Eu te amo, eu te amo, eu te amo
C#7   **F#**
Oh! oh! oh! oh! oh!

                   C#7
Eu não sei por quanto tempo eu
B   **F#**
Tenho ainda que esperar
                C#7
Quantas vezes eu até chorei
B   **F#**
Pois não pude suportar

Bm   **F#m**
Para mim não adianta
Bm   **F#m**
Tanta coisa sem você
Bm   **F#m**
E então me desespero
                       D
Por favor meu bem eu quero
              C#7
Sem demora lhe falar
F#   **B**   **F#**   **F#7**
Eu te amo, eu te amo, eu te amo

Bm   **E7**   **A**
Mas o dia que eu puder lhe encontrar
             F#m
Eu quero contar
           Bm   **D**
O quanto sofri por todo esse tempo
                C#7
Que eu quis lhe falar
F#   **B**   **F#**
Eu te amo, eu te amo, eu te amo
C#7   **F#**
Oh! oh! oh! oh! oh!

Instrumental: **C#7 B7 F# C#7 B7 F#**

Cartas já não adiantam mais *(etc.)*

Mas o dia que eu puder *(etc.)*

♩ = 98

Intro — Guitarra — F#

Voz
Tan-to tem-po lon-ge de vo-cê__ Que-ro ao me-nos lhe fa-lar
tem-po eu__ Te-nho a-in-da que es-pe-rar

A dis-tân-cia não vai im-pe-dir__ Meu a-mor de lhe en-con-trar
Quan-tas ve-zes eu a-té cho-rei__ Pois não pu-de su-por-tar

Car-tas já não a-di-an-tam mais Que-ro ou-vir a su-a voz
Pa-ra mim não a-di-an-ta Tan-ta coi-sa sem vo-cê

Vou te-le-fo-nar di-zen-do Que eu es-tou qua-se mor-ren-do De sau-da-de de vo-
E en-tão me de-ses-pe-ro Por fa-vor meu bem eu que-ro Sem de-mo-ra lhe fa-

-cê **Sax**
-lar Eu te a-mo__ eu te a-mo

eu te a-mo__ oh oh oh oh oh__ Eu não sei por quan-to

©Copyright 1968 by EMI SONGS DO BRASIL EDIÇÕES MUSICAIS LTDA.
Todos os direitos autorais reservados para todos os países. All rights reserved.

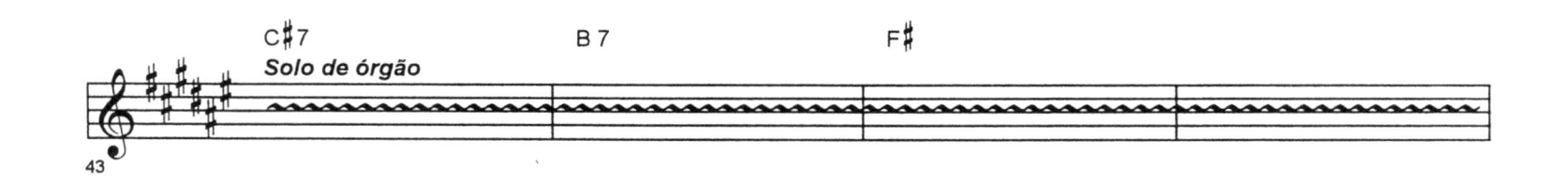

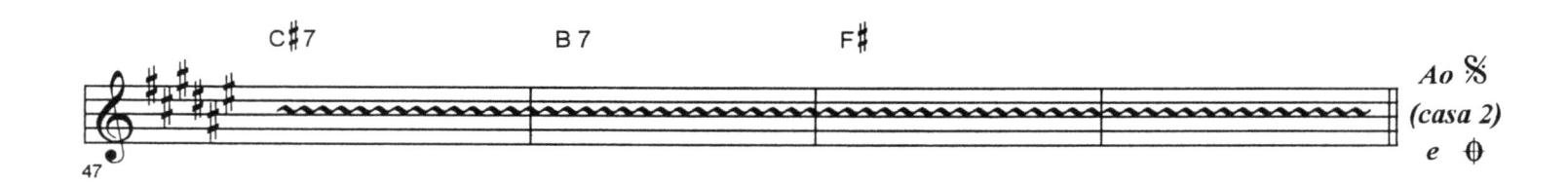

Mas o dia que eu puder lhe encontrar Eu quero contar O quanto so-
-fri por todo esse tempo Que eu quis lhe falar *Sax*

Eu te amo__ eu te amo__ eu te amo__ oh oh oh oh oh__

Solo de órgão

Ao 𝄋 (casa 2) e 𝄋

Eu te amo__ eu te amo__ eu te amo__ *Fade out*

As baleias

ROBERTO CARLOS e
ERASMO CARLOS

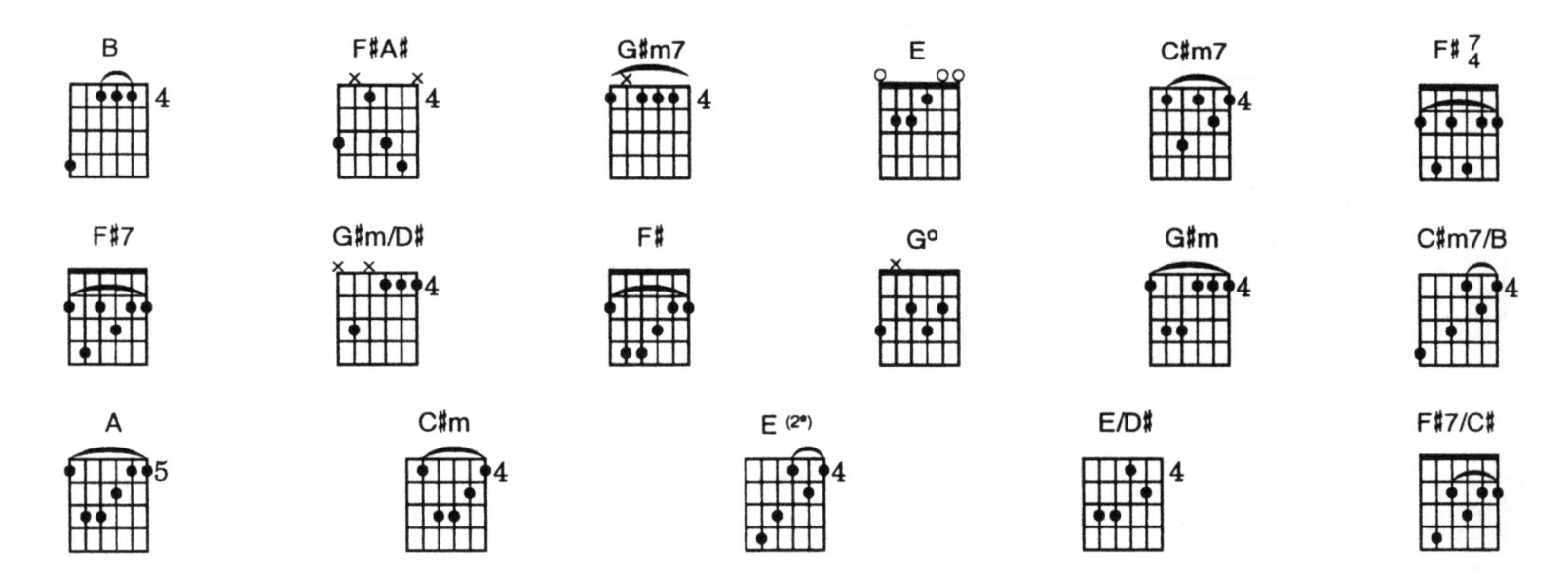

Introdução: **B F#/A# G#m7 E C#m7 F#7(4) F#7**

F#7   B   F#/A#   G#m7   E
Não é possível   que você suporte a barra
                      G#m/D#   C#m7
De olhar nos olhos do que morre em suas mãos
         F#   G°   G#m
E ver no mar se debater o sofrimento
       C#m7   C#m7/B   F#7(4)
E até sentir-se um vencedor nesse momento

F#7   B   F#/A#   G#m7
Não é possível   que no fundo do seu peito
       E   G#m/D#   C#m7
Seu coração não tenha lágrimas guardadas
     F#   G°   G#m
Pra derramar sobre o vermelho derramado
      C#m7   C#m7/B   F#7(4)
No azul das águas que você deixou manchadas

F#7   B   F#/A#   G#m7
Seus netos vão te perguntar   em poucos a__nos
     B   F#/A#   G#m7
Pelas baleias que cruzavam oceanos
       A
Que eles viram em velhos livros
    C#m7
Ou nos filmes dos arquivos
   E (2°)   E/D#   F#7/C#
Dos programas vesperti__nos de tele____visão

F#7   B   F#/A#   G#m7
O gosto amargo do silên__cio em sua bo__ca
    B   F#/A#   G#m7
Vai te levar de volta ao mar   e a fúria lou___ca

   A
De uma cauda exposta aos ventos
  C#m7
Em seus últimos momentos
  E (2°)   E/D#   C#m7   F#7
Relembrada num troféu   em forma de arpão

F#7   B   F#/A#   G#m7
Como é possível   que você tenha coragem
       E   G#m/D#   C#m7
De não deixar nascer a vida que se faz
     F#   G°   G#m
Em outra vida que sem ter lugar seguro
    C#m7   C#m7/B   F#7(4)
Te pede a chance de existência no futuro

F#7   B   F#/A#   G#m7
Mudar seu rumo   e procurar seus sentimentos
      E   G#m/D#   C#m7
Vai te fazer um verdadeiro vencedor
    F#   G°   G#m
Ainda é tempo de ouvir a voz dos ventos
    C#m7   C#m7/B   F#7
Numa canção que fala muito mais de amor

Seus netos vão te perguntar *(etc.)*

O gosto amargo do silêncio *(etc.)*

Não é possível que você suporte a barra *(etc.)*

Solo instrumental: **B F#/A# G#m7 B F#/A# G#m7**

PARA TERMINAR: **A C#m E° E/D# F#7**

As baleias

ROBERTO CARLOS e ERASMO CARLOS

♩ = 64

Intro: B F#/A# G#m7 % E C#m7 F#7/4

F#7 B F#/A# G#m7
Não é pos - sí - vel___ Que vo - cê su - por - te_a bar___ - ra___
Não é pos - sí - vel___ Que no fun - do do seu pei___ - to___

E G#m/D# C#m7
De_o - lhar nos o - lhos___ do que mor - rer_em su_as mãos___
Seu co - ra - ção não___ te - nha lá - gri - mas___ guar - da - das___

F# G° G#m C#m7
E ver no mar se de - ba - ter o so - fri - men - to___ E_a - té sen - tir - se_um_ ven - ce-
Pra der - ra - mar so - bre_o ver - me - lho_ der - ra - ma - do___ No_a - zul das á - guas___ que vo-

C#m7/B F#7/4 F#7 𝄋 F#7
-dor___ nes - se mo - men - to___   Seus ne - tos
-cê___ dei - xou man - cha - das___

B F#/A# G#m7 B
vão te per - gun - tar___ em pou - cos a___ - nos___ Pe - las ba - lei - as que___ cru - za-
-mar - go do___ si - lên - cio_em su_a bo___ - ca___ Vai te le - var de vol___ - ta_ao mar

F#/A# G#m7 A C#m7
-vam o - ce_a___ - nos___ Que_e - les vi - ram em ve - lhos li - vros___Ou nos fil - mes dos___ ar - qui-
___ e_a fú - ria lou___ - ca___ De_u - ma cau - da ex - pos - ta_ao ven___ - tos___ Em seus úl - ti - mos_ mo - men-

©Copyright 1983 by AMIGOS EDIÇÕES MUSICAIS LTDA.
©Copyright 1983 by ECRA REALIZAÇÕES ART. LTD.
Todos os direitos autorais reservados para todos os países. All rights reserved.

___-vos___ Dos pro-gra-mas ves___- per-ti---nos de___ te-le___- vi-são___
___-tos___ Re-lem-bra-da num___ tro-féu___ em for___- ma de___ ar-pão

O gos-to a—   rall.   Co-mo é pos-sí-vel_____
                                            Mu-dar seu ru-mo_____

que vo-cê te-nha co-ra___gem___ De não dei-xar___ nas-cer a vi-da que___ se faz
e pro-cu-rar seus sen-ti-men___tos___ Vai te fa-zer___ um ver-da-dei-ro ven-___ce-dor___

___ Em ou-tra vi-da que___ sem ter___ lu-gar___ se-gu-ro___
___ A-in-da é tem-po de___ ou-vir a voz___ dos ven-tos___

Te pe-de a chan-ce___ de e-xis-tên-cia___ no fu-tu-ro___ -mor
Nu-ma can-ção que___ fa-la mui-to___ mais de a-

Não é pos-sí-vel___ Que vo-cê su-

-por-te a bar-ra___

Fade out

O calhambeque

GWEN-JOHN D. LOUDERMICK e
ERASMO CARLOS

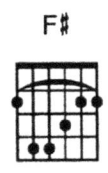

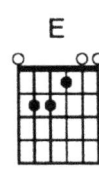

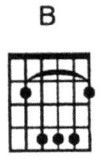

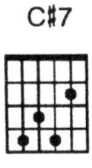

F#   E   B   C#7

Introdução 4 vezes: **F# E**

FALANDO: Essa é uma das muitas histórias que acontecem comigo. Primeiro foi Susi, quando eu tinha lambreta. Depois comprei um carro, parei na contramão. Tudo isso sem contar o tremendo tapa que eu levei com a história do splish splash. Mas essa história também é interessante:

F#   E   F#   E
Mandei meu Cadilac pro mecânico outro dia
F#   E   F#   E
Pois há muito tempo um conserto ele pedia
F#   B
Como vou viver sem um carango pra correr
F#   E F#   E   F#
Meu Cadilac bip bip que_ro consertar meu Cadilac
E   F#   C#7
(bi bi u bi du bi du bi du bi)

F#   E   F#   E
Com muita paciência o rapaz me ofereceu
F#   E   F#   E
Um carro todo velho que por lá apareceu
F#   B
Enquanto o Cadilac consertava eu usava
F#   E F#   E   F#
O calhambeque bip bip que_ro buzinar o calhambeque
E   F#   C#7
(bi bi u bi du bi du bi du bi)

F#   E   F#   E
Saí da oficina um pouquinho desolado
F#   E   F#   E
Confesso que estava até um pouco envergonhado
F#   B
Olhando para o lado com a cara de malvado
F#   E F#   E   F#
O calhambeque bip bip bu_zinei assim o calhambeque
E   F#   C#7
(bi bi u bi du bi du bi du bi)

F#   E   F#   E
E logo uma garota fez sinal para eu parar
F#   E   F#   E
E no meu calhambeque fez questão de passear
F#   B
Não sei o que pensei mas eu não acreditei
F#   E F#   E   F#
Que o calhambeque bip bip o broto quis andar no calhambeque
E   F#   C#7
(bi bi u bi du bi du bi du bi)

F#   E   F#   E
E muitos outros brotos que encontrei pelo caminho
F#   E   F#   E
Falavam que estouro, que beleza de carrinho
F#   B
E fui me acostumando e do carango fui gostando
F#   E F#   E   F#
O calhambeque bip bip que_ro conservar meu calhambeque
E   F#   C#7
(bi bi u bi du bi du bi du bi)

F#   E   F#   E
Mas o Cadilac finalmente ficou pronto
F#   E   F#   E
Lavado consertado bem pintado, um encanto
F#   B   F# E F# E
Mas o meu coração na hora exata de trocar
F#   E F#   E   F#
O calhambeque bip bip o coração ficou com o calhambeque
E   F#   E
(bi bi u bi du bi du bi du bi)

FINAL:

F# E F# E

FALANDO: Bem, vocês me desculpem mas agora eu vou-me embora. Existem mil garotas querendo passear comigo mas é por causa desse calhambeque, sabe? Bye, bye...

Falando: Essa é uma das muitas histórias que acontecem comigo. Primeiro foi Susi, quando eu tinha lambreta. Depois comprei um carro, parei na contramão. Tudo isso sem contar o tremendo tapa que eu levei com a história do splish splash. Mas essa história também é interessante:

Man-dei meu cadilac pro mecânico outro dia   Pois há muito tempo um consertou ele pedia   Como vou viver sem um carango pra correr Meu cadilac bip bip   Quero consertar meu cadilac bi bi u bi du bi du bi du bi___   Com muita paciência o rapaz me ofereceu   Um carro todo velho que por lá apareceu   Enquanto o Cadilac consertava eu usava O calhambeque bip bip   Quero buzinar o calham-

logo uma garota fez sinal para eu parar   E no meu calhambeque fez questão de passear   Não sei o que pensei mas eu não acreditei Que o calhambeque   O broto quis andar no calhambeque   E muitos outros brotos que encontrei pelo caminho   Falavam que estouro que beleza de carrinho   E fui me acostumando e do carango fui gostando o   Quero conservar o calham-

©Copyright by WARNER CHAPPELL EDIÇÕES MUSICAIS LTDA.
Todos os direitos autorais reservados para todos os países. All rights reserved.

-be-que bi bi u bi du bi du bi du bi__ Sa - í da o-fi-ci-na um pou-
-be - que   Mas o Ca-di-lac fi-nal-

-qui-nho de-so-la-do Con-fes-so que es-ta-va a té um pou-co en-ver-go-nha-do O-
-men-te fi-cou pron-to La - va-do con-ser-ta-do bem pin - ta-do um en-can-to Mas

-lhan-do pa-ra o la-do com a ca - ra de mal-va-do O ca-lham - be - que bip bip bu-

__ -zi-nei as-sim o ca-lham - be - que bi bi u bi du bi du bi du bi__ e

o meu co-ra-ção na ho-ra e-xa-ta de tro-car   O ca-lham--
rall.   *a tempo*

-be-que bip bip O co-ra-ção fi-cou com o ca-lham - be - que bi bi u bi du bi du bi du bi__

Fade out

Falando: Bem, vocês me desculpem mas agora eu vou-me embora. Existem mil garotas querendo passear comigo mas é por causa desse calhambeque, sabe? Bye, bye.

Parei na contramão

ROBERTO CARLOS e
ERASMO CARLOS

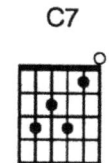

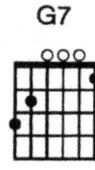

C7   F   Bb7   G7

Introdução: **C7**

F
Vinha voando no meu carro, quando vi pela frente,

Na beira da calçada um broto displicente
Bb
Joguei o pisca-pisca para a esquerda e entrei

A velocidade que eu vinha não sei
C7   **Bb**
Pisei no freio obedecendo ao coração

  F
E parei, parei, na contramão
F
O broto displicente nem sequer me olhou

Insisti na buzina mas não funcionou
Bb
Segue o broto seu caminho, sem nem me ligar

Pensei por um momento que ela fosse parar
C7   **Bb**   **F**
Arranquei à toda sem querer avancei o sinal

O guarda apitou
Bb
O guarda muito vivo de longe me acenava
F
E pela cara dele eu vi que não gostava
Bb
Falei que foi Cupido quem me atrapalhou
G7   **C7**
Mas minha carteira pro xadrez levou
F
Acho que esse guarda nunca se apaixonou

Pois minha carteira o malvado levou
Bb
Quando me livrei do guarda, o broto não vi

Mas sei que algum dia ela vai voltar
    C7   **Bb**   **F**
E a buzina desta vez eu sei que vai funcionar

Instrumental: **F Bb F C7 Bb F**

O guarda muito vivo, de longe *(etc.)*

45

Parei na contramão

ROBERTO CARLOS e
ERASMO CARLOS

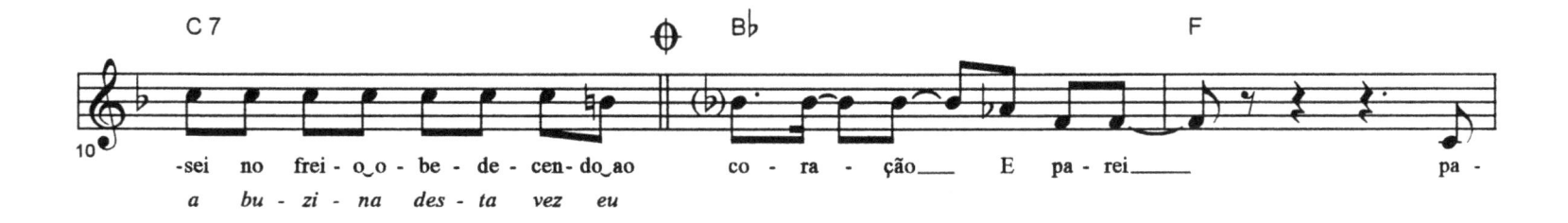

♩ = 146

Vi- nha vo- an- do no meu car- ro quan- do vi pe- la fren- te Na
A- cho que_es- se guar- da nun- ca se_a pai- xo- nou

bei- ra da cal- ça- da um bro- to dis- pli- cen- te Jo- guei o pis- ca pis- ca pa- ra_es-
Pois mi- nha car- tei- ra o mal- va- do le- vou Quan- do me li- vrei do guar- da_o

-quer- da_e en- trei A ve- lo- ci- da- de que eu vi- nha não sei Pi-
bro- to não vi Mas sei que al- gum di- a e- la vai vol- tar E

-sei no frei- o_o_be- de- cen- do_ao co- ra- ção E pa- rei pa-
a bu- zi- na des- ta vez eu

-rei na con- tra mão O bro- to dis- pli- cen- te nem se quer me o- lhou In- sis- ti na bu- zi- na mas não

fun- ci- o- nou Se- gue_o bro- to seu ca- mi- nho sem me li- gar Pen- sei por um mo- men- to que_e- la

©Copyright 1964 by IRMÃOS VITALE S/A Ind. e Com. São Paulo - Brasil.
Todos os direitos autorais reservados para todos os países. All rights reserved.

fos-se pa-rar__ Ar-ran-quei a to-da e sem que - rer a-van-cei__ o si - nal__ O
guar-da a-pi-tou__ O guar-da mui-to vi-vo de lon__- ge me a-ce-na-va E
pe - la ca - ra de-le eu vi que não gos - ta - va Fa - lei que foi Cu - pi - do quem me a-
-tra - pa - lhou__ Mas mi - nha car-tei - ra pro xa - drez le - vou__ uh oh__
sei que vai fun__- ci - o - nar__ *Fim*

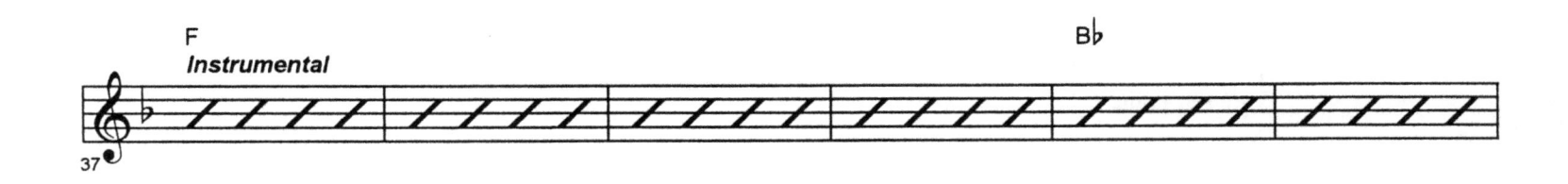

Instrumental

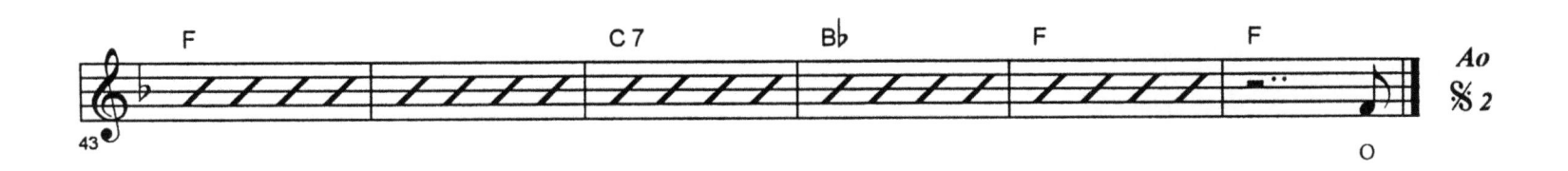

Virada de bateria

O sósia

GETÚLIO CÔRTES

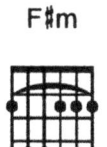

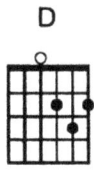

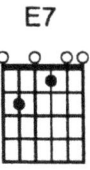

[Chords: A, F#m, D, E7]

A
Tudo começou
F#m
Quando um certo dia
A
Eu liguei pro broto
   F#m
Que há tempos eu não via
D
E o que ela disse

Me deixou zangado
E7
Deixe de tolice

Já tenho namorado
A
Fui à casa dela
  F#m
E lhe falei então
A
Para essa história
F#m
Quero explicação
D
Quando olhei pro lado

Eu perdi a fala
E7
Descobri um cara
   A
Que tinha a minha cara
D
E até seu nome

Era igual ao meu
A
Um era demais eu sei não era eu
D
E na confusão meu broto desmaiou
E7
E sem solução o caso ficou
A
Meio atrapalhado
F#m
Meio descontente

A
Ia já ficando
F#m
Quando alegremente
D
Uma grande idéia

Eu tive e então
E7
Disse para alguém
  A
Me traga um violão
D
E uma canção

Eu comecei mostrar
A
Mas o cara disse

Também sei cantar
D
Isso me deixou

Bem contrariado
E7
Mas ele cantou

Tão desafinado
A
Que meu bem de tudo
F#m
Foi desconfiando
  A
E ele envergonhado
  F#m
Foi logo se mandando
D
Perdão ela pediu

Um beijo eu lhe dei
E7
E minha canção
A
Pra ela terminei

Instrumental: **A F#m A F#m**

Uma grande idéia *(etc.)*

♩ = 152

Tu-do co-me-çou Quan-do um cer-to di-a Eu li-guei pro bro-to Que há tem-pos eu não vi-a
E o que e-la dis-se Me dei-xou zan-ga-do Dei-xe de to-li-ce Já te-nho na-mo-ra-do
Fui à ca-sa de-la E lhe fa-lei en-tão Pa-ra es-sa his-tó-ria Que-ro ex-pli-ca-ção
Quan-do o-lhei pro la-do Eu___ per-di a fa-la Des-co-bri um ca-ra Que ti-nha a mi-nha ca-ra
E a-té seu no-me E-ra i-gual ao me-u Um___ e-ra de-mais Eu sei não e-ra eu -
E na con-fu-são Meu bro-to des-mai-ou E sem so-lu-ção O ca-so fi-cou___
Mei-o a-tra-pa-lha-do Mei-o des-con-ten-te I-a já fi-can-do Quan-do a-le-gre-men-te -

©Copyright 1983 by EMI SONGS DO BRASIL EDIÇÕES MUSICAIS LTDA.
Todos os direitos autorais reservados para todos os países. All rights reserved.

D	E7	A

U-ma gran-de i-déi-a Eu ti-ve e en-tão Dis-se pa-ra al-guém__ me tra-ga um vi-o-lão E__

D	A

__ u-ma can-ção__ Eu co-me-cei mos-trar__ Mas o ca-ra dis-se Tam__-bém sei can-tar

D	E7

Is-so me dei-xou Bem__ con-tra-ri-a-do Mas e-le can-tou__ Tão__ de-sa-fi-na-do

A	F#m	A	F#m

Que meu bem de tu-do Foi des-con-fi-an-do E e-le en-ver-go-nha-do Foi lo-go se man-dan-do Per-

D	E7	A

-dão e-la pe-diu Um bei-jo eu lhe dei E mi-nha can-ção__ Pra e-la ter-mi-nei

A	F#m

Guitarra   Ao 𝄋 e 𝄌

E7	A

E mi-nha can-ção____ Pra e-la ter-mi-nei *Fade out*

Despedida

ROBERTO CARLOS e
ERASMO CARLOS

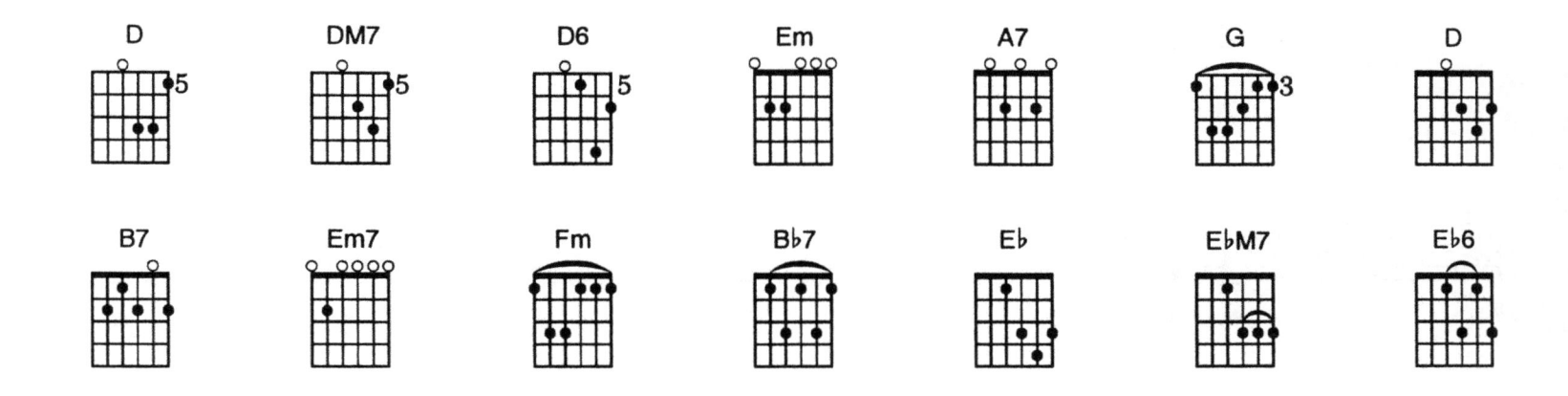

Introdução (duas vezes): **D DM7 D6 DM7**

D   **DM7**   **D6 DM7**
Já está chegando a hora de ir
D   **DM7**   **Em A7**
Venho aqui me despedir e dizer
Em   **A7**
Em qualquer lugar por onde eu andar
              D DM7 D6 DM7
Vou lembrar de você

D   **DM7**   **D6 DM7**
Só me resta agora dizer adeus
D   **DM7**   **G**
E depois o meu caminho seguir
                     D
O meu coração aqui vou deixar
          B7   **Em7**
Não ligue se acaso eu chorar
      A7   **D**   **DM7 D6 DM7 D**
Mas agora adeus

Solo instrumental: **D DM7 D6 DM7 D DM7 Em A7**
                    Em A7 D DM7 D6 DM7

Só me resta agora dizer adeus *(etc.)*

Vocalize (duas vezes): **D DM7 D6 DM7 D DM7 Em A7**
                        Em A7 D DM7 D6 DM7

          D DM7 D6 DM7 D DM7 Em A7
          Em A7 D DM7 Fm Bb7

Duas vezes: **Eb EbM7 Eb6 EbM7 Eb EbM7 Fm Bb7 Fm**
              Bb7 Eb EbM7 Eb6 EbM7   *(fade out)*

Despedida

ROBERTO CARLOS e
ERASMO CARLOS

Já está chegando a hora de ir
Venho aqui me despedir e dizer
Em qualquer lugar por onde eu andar
Vou lembrar de você
Só me resta agora dizer adeus
E depois o meu caminho seguir
O meu coração aqui vou deixar
Não ligue se acaso eu chorar mas agora adeus

©Copyright 1974 by EMI SONGS DO BRASIL EDIÇÕES MUSICAIS LTDA.
Todos os direitos autorais reservados para todos os países. All rights reserved.

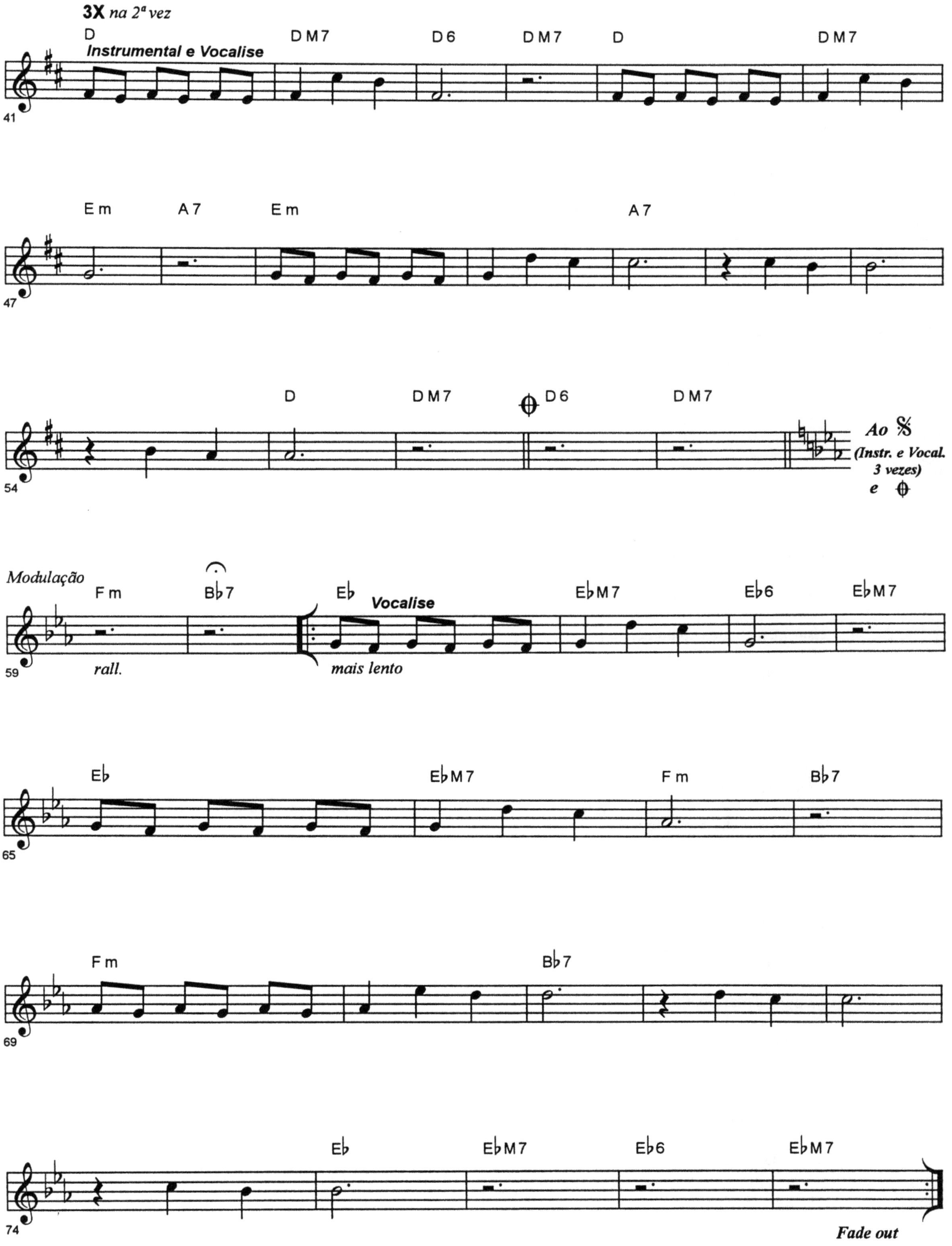
3X na 2ª vez
Instrumental e Vocalise
D DM7 D6 DM7 D DM7
Em A7 Em A7
D DM7 D6 DM7
Ao 𝄋 (Instr. e Vocal. 3 vezes) e 𝄌
Modulação
Fm B♭7 E♭ E♭M7 E♭6 E♭M7
Vocalise
rall.
mais lento
E♭ E♭M7 Fm B♭7
Fm B♭7
E♭ E♭M7 E♭6 E♭M7
Fade out

Cavalgada

ROBERTO CARLOS e
ERASMO CARLOS

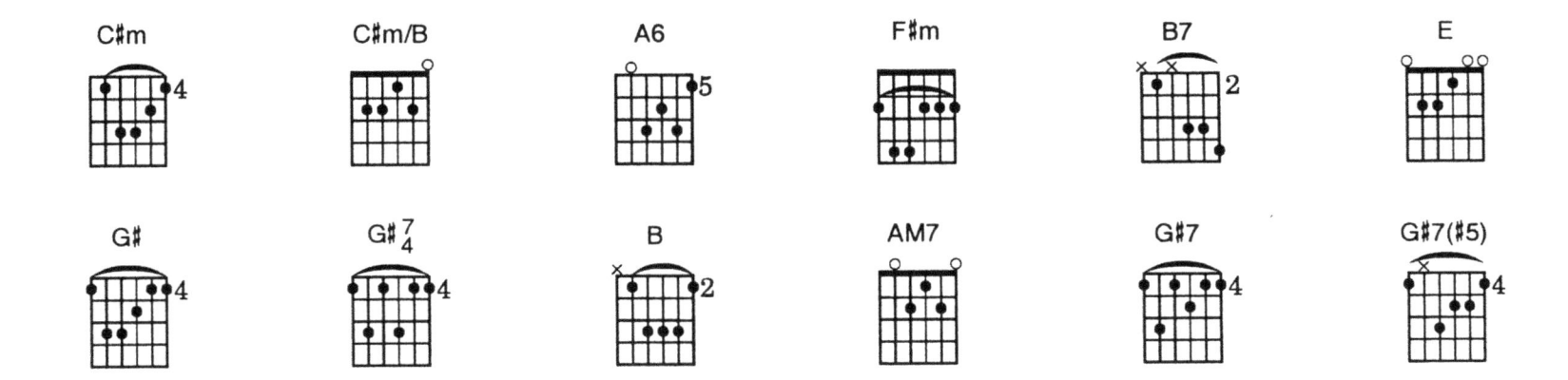

[Chord diagrams: C#m, C#m/B, A6, F#m, B7, E, G#, G#7/4, B, AM7, G#7, G#7(#5)]

Introdução: **C#m C#m/B A6 F#m B7 E G#**

          C#m
Vou cavalgar por toda a noite
         F#m
Por uma estrada colorida
         B
Usar meus beijos como açoite
         E
E a minha mão mais atrevida
         AM7
Vou me agarrar aos seus cabelos
G#7   **C#m**
Pra não cair do seu galope
C#m/B   **F#m**
Vou atender aos meus apelos
        G#7 G#7(4)
Antes que o dia nos sufoque

G#(#5)   **G#7**   **C#m**
Vou me perder de madrugada
        F#m
Pra te encontrar no meu abraço
        B
Depois de toda cavalgada
        E
Vou me deitar no seu cansaço
        AM7
Sem me importar se nesse instante
G#7   **C#m**
Sou dominado ou se domino
C#m/B   **F#m**
Vou me sentir como um gigante
      G#7 G#7(4) G#(#5) G#7
Ou nada mais do que um menino

Instrumental: **C#m F#m B E G#7**

BIS {
        C#m
Estrelas mudam de lugar
        F#m
Chegam mais perto só pra ver
        B
E ainda brilham de manhã
        E
Depois do nosso adormecer
G#7   **C#m**
E na grandeza desse instante
        F#m
O amor cavalga sem saber
        B
Que na beleza dessa hora
        C#m
O sol espera pra nascer *(fade out)*
}

♩ = 71
Intro
Piano
C#m C#m/B A6 F#m B7
E G#
Voz
rall.
Vou ca - val - gar por to - da_a
a tempo
C#m F#m
noi - te Por u - ma_es - tra - da co - lo - ri - da U - sar meus bei - jos co - mo_a -
-ga - da Pra te_en - con - trar no meu a - bra - ço De - pois de to - da ca - val -
B E
-çoi - te E_a mi - nha mão mais a - tre - vi - da
-ga - da Vou me dei - tar no seu can - sa - ço
AM7 G#7
Vou me_a - gar - rar aos seus ca - be - los Pra não ca - ir do seu ga -
Sem me_im - por - tar se nes - se_ins - tan - te Sou do - mi - na - do_ou se do -
C#m C#m/B F#m
-lo - pe Vou a - ten - der aos meus a - pe - los
-mi - no Vou me sen - tir co - mo_um gi - gan - te
G#7 G#7/4 G#(#5) G#7
1.
An - tes que_o di - a nos su - fo - que Vou me per - der de ma - dru -
Ou na - da mais do que_um me - ni - no

Es - tre - las mu - dam de lu -gar
Che - gam mais per - to só pra ver
E a - in - da bri - lham de ma - nhã
De - pois do nos - so a - dor - me - cer
E na gran - de - za des - se ins - tan - te
O a - mor ca - val - ga sem sa - ber
Que na be - le - za des - sa ho - ra
O sol es - pe - ra pra nas - cer
Es - tre - las mu - dam de lu -

Fade out

O portão

ROBERTO CARLOS e
ERASMO CARLOS

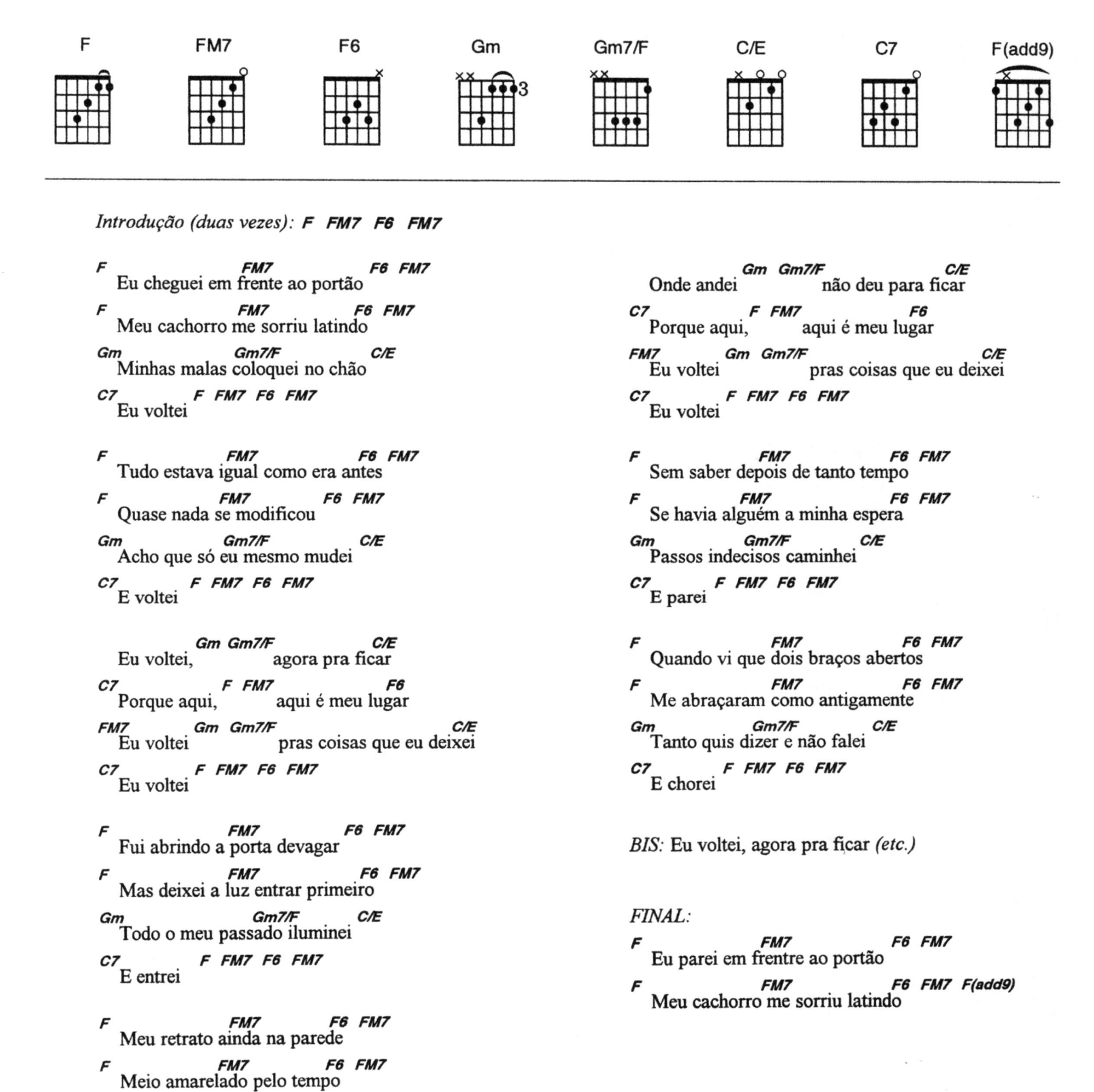

Introdução (duas vezes): **F FM7 F6 FM7**

 F **FM7** **F6 FM7**
 Eu cheguei em frente ao portão
 F **FM7** **F6 FM7**
 Meu cachorro me sorriu latindo
Gm **Gm7/F** **C/E**
 Minhas malas coloquei no chão
C7 **F FM7 F6 FM7**
 Eu voltei

 F **FM7** **F6 FM7**
 Tudo estava igual como era antes
 F **FM7** **F6 FM7**
 Quase nada se modificou
Gm **Gm7/F** **C/E**
 Acho que só eu mesmo mudei
C7 **F FM7 F6 FM7**
 E voltei

   Gm Gm7/F **C/E**
 Eu voltei, agora pra ficar
C7 **F FM7** **F6**
 Porque aqui, aqui é meu lugar
FM7 **Gm Gm7/F** **C/E**
 Eu voltei pras coisas que eu deixei
C7 **F FM7 F6 FM7**
 Eu voltei

 F **FM7** **F6 FM7**
 Fui abrindo a porta devagar
 F **FM7** **F6 FM7**
 Mas deixei a luz entrar primeiro
Gm **Gm7/F** **C/E**
 Todo o meu passado iluminei
C7 **F FM7 F6 FM7**
 E entrei

 F **FM7** **F6 FM7**
 Meu retrato ainda na parede
 F **FM7** **F6 FM7**
 Meio amarelado pelo tempo
Gm **Gm7/F** **C/E**
 Como a perguntar por onde andei
C7 **F FM7 F6 FM7**
 E eu falei

   Gm Gm7/F **C/E**
 Onde andei não deu para ficar
C7 **F FM7** **F6**
 Porque aqui, aqui é meu lugar
FM7 **Gm Gm7/F** **C/E**
 Eu voltei pras coisas que eu deixei
C7 **F FM7 F6 FM7**
 Eu voltei

 F **FM7** **F6 FM7**
 Sem saber depois de tanto tempo
 F **FM7** **F6 FM7**
 Se havia alguém a minha espera
Gm **Gm7/F** **C/E**
 Passos indecisos caminhei
C7 **F FM7 F6 FM7**
 E parei

 F **FM7** **F6 FM7**
 Quando vi que dois braços abertos
 F **FM7** **F6 FM7**
 Me abraçaram como antigamente
Gm **Gm7/F** **C/E**
 Tanto quis dizer e não falei
C7 **F FM7 F6 FM7**
 E chorei

BIS: Eu voltei, agora pra ficar *(etc.)*

FINAL:

 F **FM7** **F6 FM7**
 Eu parei em frentre ao portão
 F **FM7** **F6 FM7 F(add9)**
 Meu cachorro me sorriu latindo

O portão

ROBERTO CARLOS e
ERASMO CARLOS

♩ = 65

Intro

| F | FM7 | F6 | FM7 | F | FM7 | F6 | FM7 |

Voz

| F | FM7 | F6 | FM7 |

Eu che - guei em fren - te ao___ por - tão___
Fui a - brin - do a por - ta de___ - va - gar___
Sem sa - ber de - pois de tan___ - to tem - po
Eu pa - rei em fren - te ao___ por - tão___

| F | FM7 | F6 | FM7 |

Meu ca - chor - ro me sor - riu___ la - tin - do
Mas dei - xei a luz en - trar___ pri - mei - ro
Se ha - via_al - guém à mi___ - nha_es - pe - ra
Meu ca - chor - ro me sor - riu___ la - tin - do

| Gm | Gm7/F | C/E | C7 | F | FM7 | F6 | FM7 |

Mi - nhas ma - las co - lo - quei___ no chão___   Eu vol - tei___
To - do meu pas - sa - do_i - lu___ - mi - nei___   E en - trei___
Pas - sos in - de - ci - sos ca___ - mi - nhei___   E pa - rei___

| F | FM7 | F6 | FM7 |

Tu - do_es - ta - va i - gual co - mo_e___ - ra an - tes
Meu re - tra - to_a - in - da na___ pa - re - de
Quan - do vi que dois bra - ços___ a - ber - tos

| F | FM7 | F6 | FM7 |

Qua - se na - da se mo - di___ - fi - cou___
Mei - o_a - ma - re - la - do pe___ - lo tem - po
Me_a - bra - ça - ram co - mo_an - ti___ - ga - men - te

©Copyright 1974 by EMI SONGS DO BRASIL EDIÇÕES MUSICAIS LTDA.
Todos os direitos autorais reservados para todos os países. All rights reserved.

| Gm | Gm7/F | C/E | C7 |

A - cho que só eu mes - mo___ mu - dei___ E vol - tei___
Co - mo_a per - gun - tar por on - de_an - dei___ E_eu fa - lei___
Tan - to quis di - zer e não___ fa - lei___ E cho - rei___

| F FM7 F6 FM7 | Gm | Gm7/F |

(1ª e 3ª vez) Eu vol - tei_____ a - go - ra pra fi -
(2ª vez) On - de_an - dei_____ não deu pa - ra fi -

| C/E C7 | F FM7 | F6 FM7 |

-car Por - que_a - qui_____ A - qui é meu lu - gar Eu vol - tei___
-car

| Gm Gm7/F | C/E C7 | F FM7 | F6 FM7 |
| | | | **1. e 2.** |

_____ pras coi - sas que_eu dei - xei Eu vol - tei_____

| F6 FM7 | Gm Gm7/F | C/E C7 |
| **3.** | | |

Eu vol - tei_____ a - go - ra pra fi - car Por - que_a - qui___

| F FM7 | F6 FM7 | Gm Gm7/F |

_____ a - qui é meu lu - gar Eu vol - tei_____ pras coi - sas que_eu dei -

| C/E C7 | F FM7 F6 FM7 | | F(add9) |

-xei Eu vol - tei_____ *Ao %* *e ⊕*

Falando sério

MAURÍCIO DUBOC e
CARLOS COLA

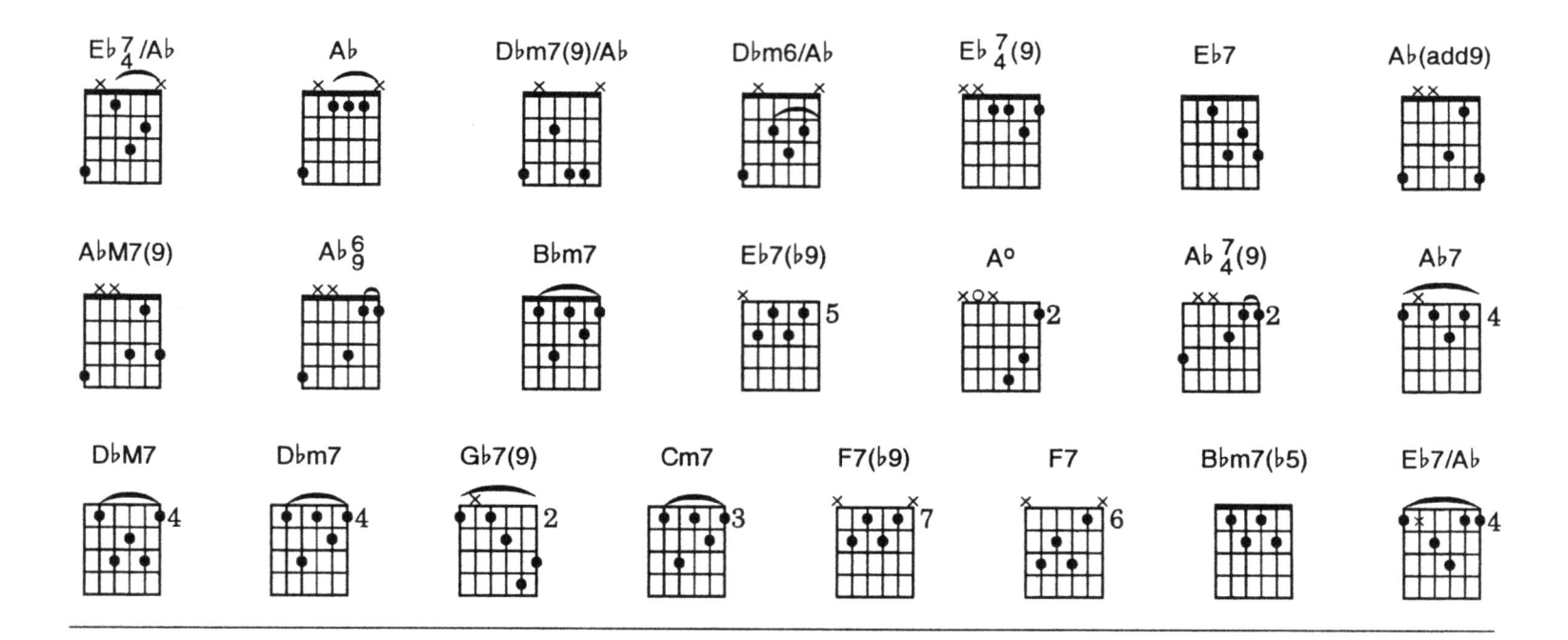

Introdução: Eb7(4)/Ab Ab Dbm7(9)/Ab Dbm6/Ab Eb7(4 9) Eb7

        Ab(add9)
   Falando sério
AbM7(9)   Ab6 9   Bbm7   Eb7 Eb7(b9)
   É bem melhor você parar com essas coisas
Bbm7   Eb7   Eb7(b9)
   De olhar pra mim com olhos de promessa
Ab   A°
   Depois sorrir
Bbm7   Eb7
   Como quem nada quer
Ab(add9)   AbM7(9)
   Você não sabe
Ab6(9)   AbM7(9) Bbm7   Eb7 Bbm7 Eb7
   Mas é que eu tenho cicatrizes que a vida fez
Bbm7   Eb7   Eb7(b9) Eb7(4)/Ab Ab
   E tenho medo   de fazer planos
Eb7(4)/Ab Ab   Ab7(4 9)
   De tentar e sofrer outra vez

Ab7   DbM7
   Falando sério
Dbm7   Gb7(9)   Cm7
   Eu não queria ter você por um programa
F7(b9)   F7   Bbm7 Bbm7(b5)
   E apenas ser mais um na sua cama
Eb7
   Por uma noite apenas
Ab(add9)   AbM7(9)   Ab7(4 9)
   E nada mais

Ab7   DbM7
   Falando sério
Dbm7   Gb7(9)   Cm7
   Entre nós dois tinha que haver mais sentimento
F7(b9)   F7   Bbm7
   Não quero seu amor por um momento
Eb7   Eb7(b9)   Ab(add9) AbM7(9)
   E ter a vida inteira pra me arrepender

Instrumental: Ab6 9 AbM7(9) Bbm7 Eb7 Bbm7 Eb7
               Bbm7 Eb7 Eb7(b9) Ab Ab7(4 9)

Falando sério
Eu não queria ter você por um programa *(etc.)*

FINAL:
Eb7   Eb7(4)/Ab
   ...E ter a vida inteira pra me arrepender

Ab Dbm7(9)/Ab Dbm6/Ab Eb7/Ab Ab

Lyrics

Falando sério
É bem melhor você parar com essas coisas
De olhar pra mim com olhos de promessas
Depois sorrir
Como quem nada quer
Você não sabe
Mas é que eu tenho cicatrizes que a vida fez
E tenho medo de fazer planos
De tentar e sofrer outra vez
Falando

sé - rio___ Eu não que - ri-a ter vo - cê por um pro - gra - ma___
sé - rio___ En - tre nós dois ti - nha que ha - ver mais sen - ti - men - to___

E a - pe - nas ser mais um na su - a ca - ma
Não que - ro seu a - mor por um mo - men - to

Por u - ma noi - te a - pe - nas E na - da mais___ Fa - lan - do

E ter a vi - da in - tei - ra pra me ar - re - pen - der

Fa - lan - do

E ter a vi - da in-

-tei - ra pra me ar - re - pen - der

Força estranha

CAETANO VELOSO

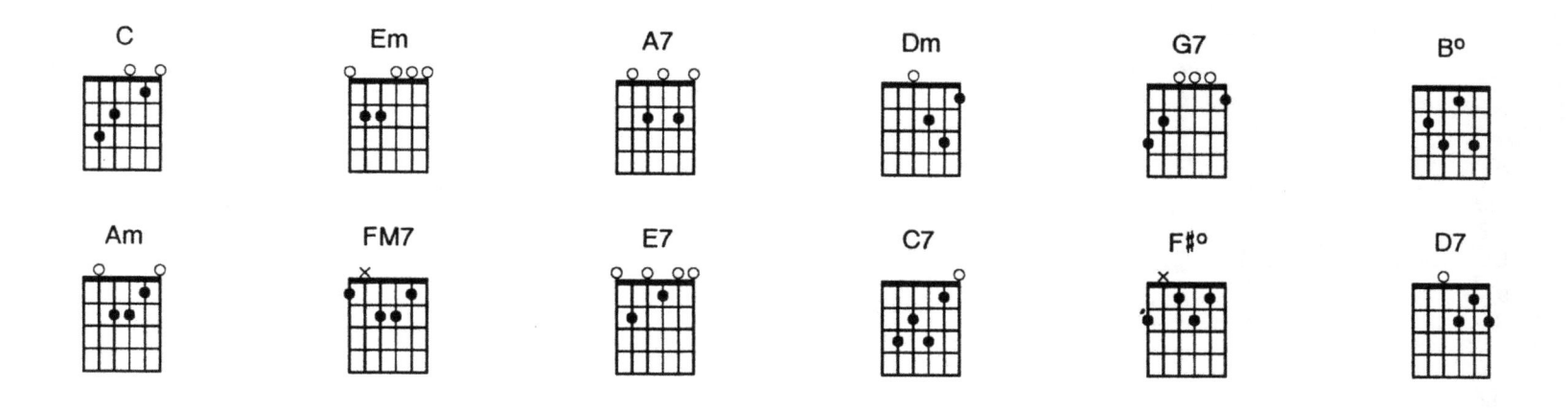

[Chord diagrams: C, Em, A7, Dm, G7, B°, Am, FM7, E7, C7, F#°, D7]

Introdução: **C Em A7 Dm G7**

    C   **Em**
Eu vi um menino correndo   eu vi o tempo
A7   **Dm**
Brincando ao redor do caminho daque__le menino
B°   **Am**
Eu pus os meus pés no riacho   e acho que nunca os tirei
FM7   **G7**
O sol ainda brilha na estrada e eu nun__ca passei

   C   **Em**
Eu vi a mulher preparando   outra pessoa
A7   **Dm**
O tempo parou para eu olhar para aque__la barriga
B°   **Am**
A vida é amiga da arte   é a parte que o sol me ensinou
FM7   **G7**
O sol que atravessa essa estrada que nun__ca passou

REFRÃO:
   C   **E7**
Por isso uma força   me leva a cantar
Am   **C7**
Por isso essa força estra__nha no ar
F   **F#°** **C**   **A7**
Por isso é que eu can__to   não posso parar
D7   **G7**
Por isso essa voz tamanha

   C   **Em**
Eu vi muitos cabelos brancos   na fronte do artista
A7   **Dm**
O tempo não para e no entanto ele nun__ca envelhece
B°   **Am**
Aquele que conhece o jogo   do fogo das coisas que são
FM7   **G7**
É o sol é o tempo é a estrada é o pé   é o chão

   C   **Em**
Eu vi muitos homens brigando,   ouvi seus gritos
A7   **Dm**
Estive no fundo de cada vontade encoberta
B°
E a coisa mais certa de todas as coisas
Am
Não vale um caminho sob o sol
FM7   **G7**
E o sol sobre a estrada é o sol sobre a estra__da é o sol

Refrão (duas vezes e fade out)

Força estranha

CAETANO VELOSO

♩ = 123

Intro — Bateria — Piano Elétrico — Baixo

| C | Em | A7 | Dm |

Voz:
Eu vi um menino correndo, eu vi o tempo
Brincando ao redor do caminho daquele menino
O tempo não para e no entanto ele nunca envelhece

Eu pus os meus pés no riacho e acho que nunca os tirarei
Aquele que conhece o jogo do fogo das coisas que são

O sol ainda brilha na estrada e eu nunca passei
É o sol é o tempo é a estrada é o pé e é o chão

Eu vi a mulher preparando outra pessoa
O tempo parou pra eu olhar para aquela barriga
A vida é a mi...

Eu vi muitos homens brigando, ouvi seus gritos
Estive no fundo de cada vontade encoberta
E a coisa mais cer...

©Copyright by GUILHERME ARAÚJO PRODUÇÕES ARTÍSTICAS LTDA - GAPA.
Todos os direitos autorais reservados para todos os países. All rights reserved.

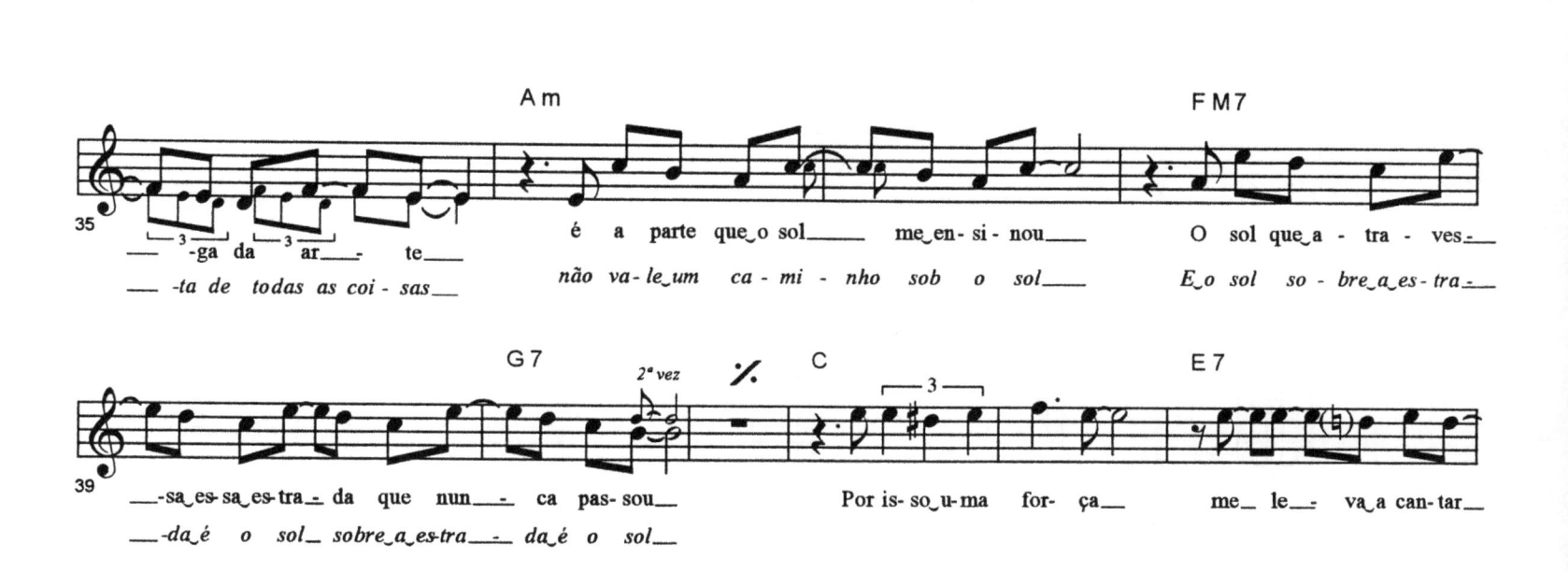

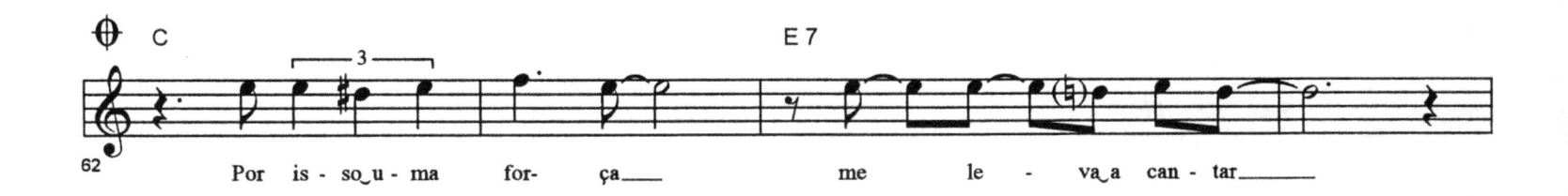

Lyrics (lead sheet):

Am — ‑ga da ar‑ te / ‑ta de todas as coi‑sas
é a parte que o sol me en‑si‑nou / não va‑le um ca‑mi‑nho sob o sol
FM7 O sol que a tra‑ves‑ / E o sol so‑bre a es‑tra‑

G7 ‑sa es‑sa es‑tra‑da que nun‑ca pas‑sou / ‑da é o sol sobre a es‑tra‑da é o sol
2ª vez 𝄋
C Por is‑so u‑ma for‑ça
E7 me le‑va a can‑tar

Am Por is‑so es‑sa for‑ça es‑tra‑nha no ar
FM7 Por is‑so é que eu

F#° can‑to
C não pos‑so pa‑rar
A7 Por is‑so es‑sa voz
D7 ta‑ma‑nha
G7 es‑sa voz ⊕

C Eu vi mui‑tos ca‑be‑los bran‑cos
Em na fron‑te do ar‑tis‑ta
Ao 𝄋 e ⊕

⊕ **C** Por is‑so u‑ma for‑ça
E7 me le‑va a can‑tar

Am Por is‑so es‑sa for‑ça es‑tra‑nha no ar

Fade out

Além do horizonte

ROBERTO CARLOS e
ERASMO CARLOS

Introdução (4 vezes): **AM7 A6 AM7 A6**

  AM7   *A6* *AM7*   *A6*
Além do horizonte deve ter
  AM7   *A6 AM7*   *A6 Bm7 E7 Bm7 E7 Bm7 E7 Bm7 E7*
Algum lugar bonito pra viver em paz
Bm7   *E7*   *Bm7 E7*
Onde eu possa encontrar a natu_reza
 Bm7 E7   Bm E7   *AM7 A6 AM7 A6 AM7 A6 AM7 A6*
Alegria e felicidade com certeza

AM7   *A6*   *AM7 A6*
Lá nesse lugar o amanhecer é lindo
   AM7   *A6*   *AM7*   *A6* *Bm7 E7 Bm7 E7 Bm7 E7 Bm7 E7*
Com flores festejando mais um dia que   vem vindo
Bm7   *E7*   *Bm7 E7*
Onde a gente pode se deitar no campo
Bm7   *E7*   *Bm7*   *E7*   *AM7 A6 AM7 A6 AM7 A6 AM7 A6*
Se   amar na relva escutando o canto dos pássaros

AM7   *A6*   *AM7*   *A6*
Aproveitar a tarde sem pensar na vida
AM7   *A6*   *AM7*   *A6 Bm7 E7 Bm7 E7 Bm7 E7 Bm7 E7*
Andar despreocupado sem saber a hora de voltar
Bm7   *E7*   *Bm7*   *E7*
Bronzear o corpo todo sem censu__ra
Bm7   *E7*   *Bm7*   *E7 AM7 A6 AM7 A6 AM7 A6 AM7 A6* *B♭m7*
Gozar a liberdade de uma vida sem frescu__ra

Bm7 E7   *Bm7 E7* *B♭m7*
Se você não vem comi__go

Bm7 E7   *Bm7*   *E7 B♭m7*
Tudo isso vai   ficar
Bm7   *E7*   *Bm7 E7*   *AM7*   *A6 AM7 A6 AM7 A6 AM7 A6 B♭m7*
No horizonte es_peran_do por   nós dois
Bm7 E7   *Bm7 E7*
Se você não vem comi__go
Bm7 E7   *Bm7*   *E7*
Nada disso tem   valor
Bm7   *E7*   *Bm7 E7*   *AM7 A6 AM7 A6 AM7 A6 AM7 A6*
De que vale o pa__raí__so sem amor

Bm7   *E7*
Além do horizonte existe um lugar
Bm7   *E7*
Bonito e tranquilo pra gente se amar

AM7 A6
La ra la ra *(etc.)*

Se você não vem *(etc.)*

Além do horizonte *(etc.)*

La ra la ra *(etc.)*   *(fade out)*

Além do horizonte deve ter... Algum lugar bonito pra viver em paz... Onde eu possa encontrar a natureza Alegria e felicidade com certeza... Lá nesse lugar o amanhecer é lindo Com flores festejando mais um dia que vem vindo... Onde a gente pode se deitar no campo Se amar na relva escutando os cantos dos pássaros... Aproveitar a tarde sem pensar na vida Andar despreocupado sem saber a hora de voltar...

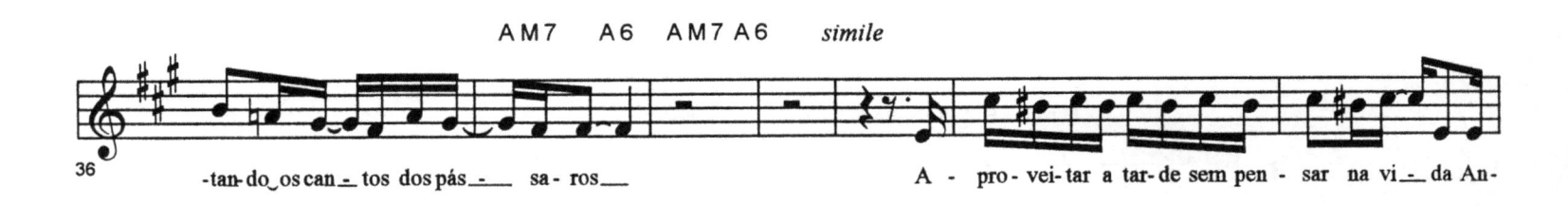

©Copyright 1983 by AMIGOS EDIÇÕES MUSICAIS LTDA.
©Copyright 1983 by ECRA REALIZAÇÕES ART. LTD.
Todos os direitos autorais reservados para todos os países. All rights reserved.

Bron-ze-ar o cor-po to-do sem cen-su - ra go - zar a li-ber-da-de de u-ma vi - da sem fres-cu - ra

Se vo-cê não vem comigo Tu-do is-so vai fi-car
Se vo-cê não vem comigo Na-da dis-so tem va-lor

No ho-ri-zon-te es - pe-ran - do por nós dois
De que va-le o pa - ra-í - so sem a-mor

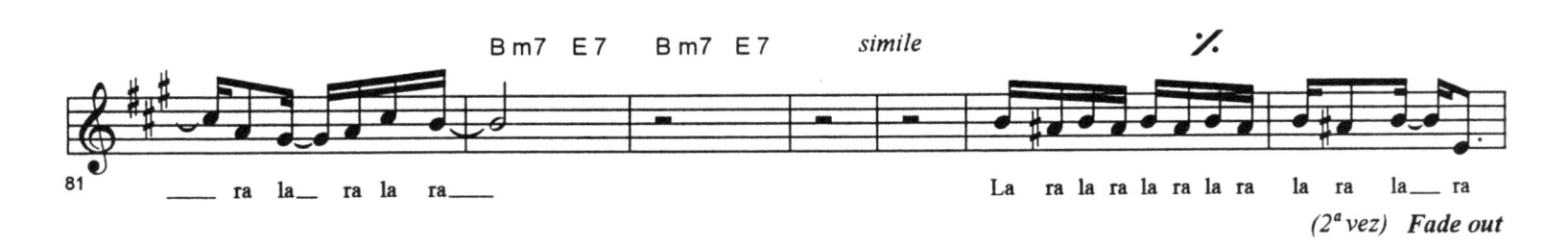

A - lém do ho-ri-zon - te e - xis-te um lu-gar Bo - ni-to e tran-qui - lo pra

gen-te se a-mar La ra la ra la ra la ra la ra La ra la ra la ra la

ra la ra la ra La ra la ra la ra la ra la ra la ra

(2ª vez) Fade out

la ra la ra la ra la ra la ra la ra la ra

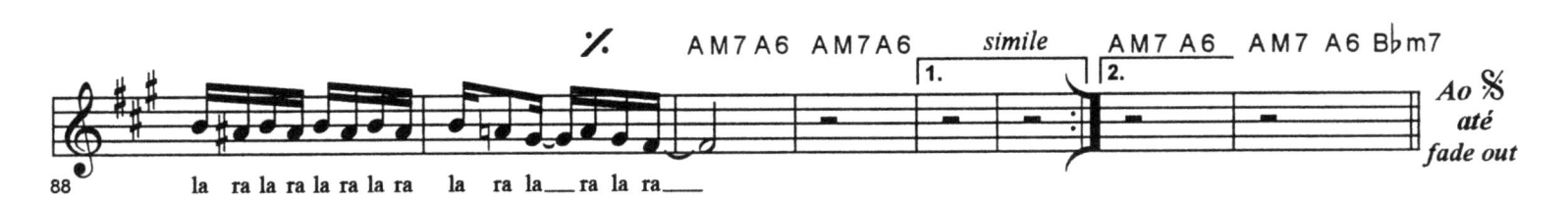

Ao 𝄋 até fade out

Me disse adeus

EDUARDO LAGES e
PAULO SERGIO VALLE

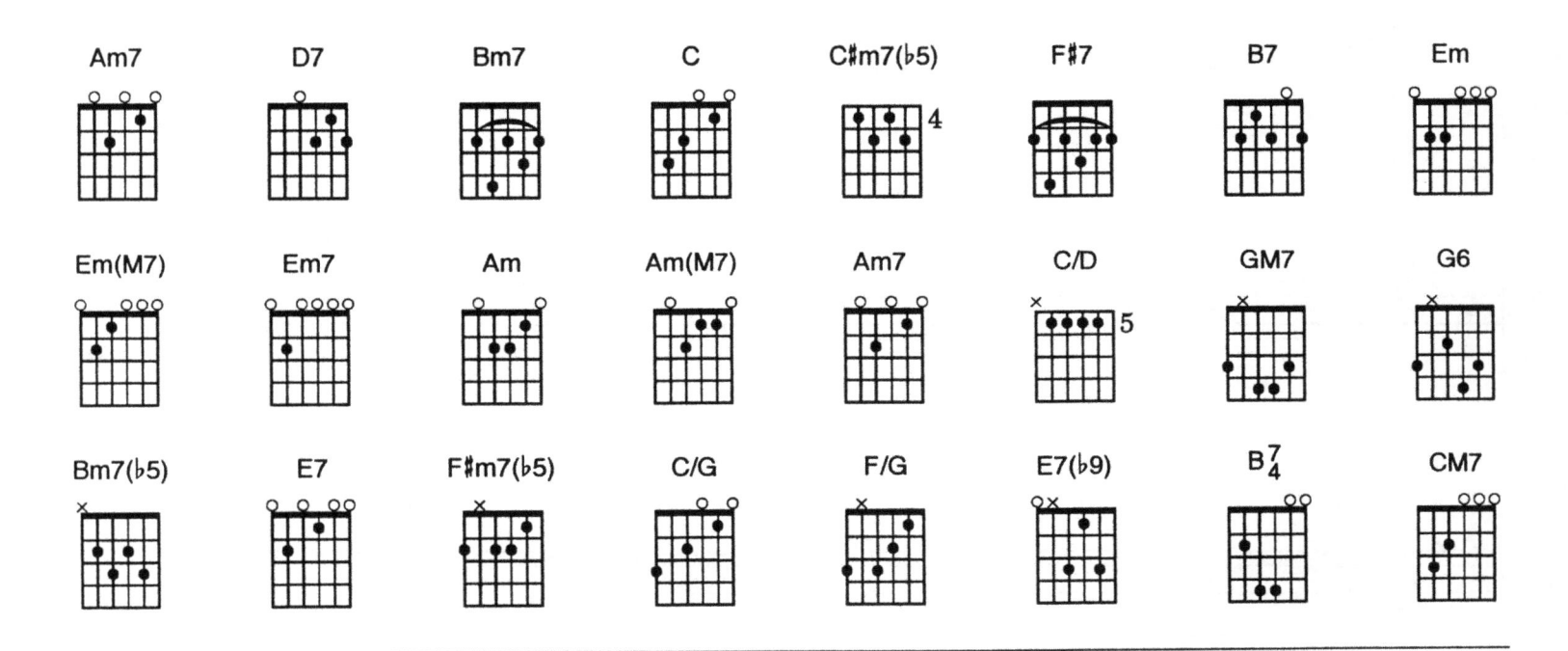

Introdução (4 vezes): **Am7 D7 Bm7 C**
C#m7(b5) F#7 C B7

    Em   **Em(M7) Em7**
Me disse adeus

        Em   **Am**   **Am(M7) Am7 Am**
E eu não acreditei naquele instante

   C/D
Porque pensei

                   GM7 G6
Em cenas que eu já conhecia antes

   Bm7(b5)   **E7**
Brigas de amor, falei pra mim

    Bm7(b5)   **E7**   **Am Am(M7) Am7**
Eu não pensei que fosse terminar assim

C#m7(b5)   **F#7**
    E foi então que percebi

        C#m7(b5)   **F#7**   **F#m7(b5) B7**
Que sem querer naquele instante eu te perdi

   Em   **Em(M7) Em7**
E foi assim

     Em   **Am**   **Am(M7) Am7 Am**
Que eu fiquei tão triste de repente

   C/D
Bem que eu tentei

                   C/G   **GM7 F/G G6**
Mas não tirei você da minha men__te

     CM7
O nosso amor

    Am7   **D7**   **Bm7**
Pra mim foi um momento tão bonito

  E7(b9)   **E7**   **Am7**
O sonho que jamais foi esquecido

  C/D   **D7**   **GM7 F/G G6**
Lembranças tão difíceis de evitar

    CM7
Eu sem você

  Am7   **D7**   **Bm7**
Procuro não pensar nessa verdade

  E7(b9)   **E7**   **Am7**
Insisto em disfarçar esta saudade

  B7(4)   **B7**   **Em**
Sorrindo com vontade de chorar

Instrumental: **F#m7(b5) B7 Em Em(M7)**
               Em7 Em Am Am(M7) Am7
               Am C/D C/G GM7

O nosso amor *(etc.)*

Eu sem você *(etc.)*

PARA TERMINAR:

 B7   **CM7 Am7 Em**
Sorrindo com vontade de chorar

Me disse adeus

EDUARDO LAGES e
PAULO SÉRGIO VALLE

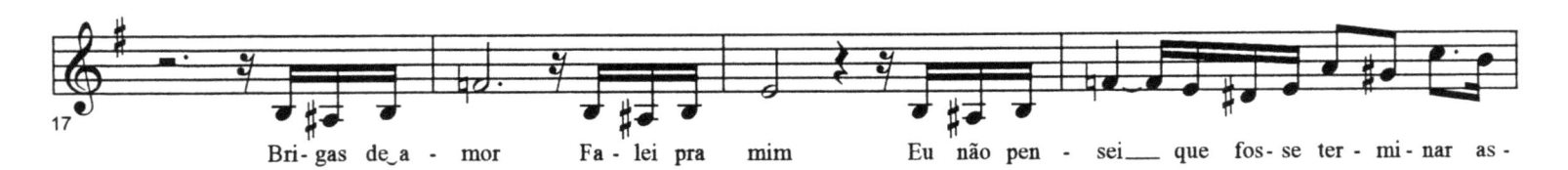

♩ = 82

Lyrics:
dis-se_a-deus__ E_eu não a-cre-di-tei__ na-que-le_ins-tan__-te
foi as-sim__ Que eu fi-quei tão tris__-te de re-pen__-te
Por- que pen-sei__ Em ce-nas que_eu já co-nhe-ci__ a an-tes__
Bem que_eu ten-tei__ Mas

Bri-gas de_a-mor Fa-lei pra mim Eu não pen-sei__ que fos-se ter-mi-nar as-

-sim E foi en-tão que per-ce-bi__ Que sem que-

©Copyright 1983 by EDIÇÕES MUSICAIS TAPAJÓS LTDA.
Todos os direitos autorais reservados para todos os países. All rights reserved.

25. -rer__ na-que-le_ins-tan-te_eu__ te per-di E não__ ti-rei vo-cê da mi-nha men-te

30. O nos-so_a-mor Pra mim foi um mo-men-to tão bo-
    Eu sem vo-cê *Pro-cu-ro não pen-sar nes-sa ver-*

33. -ni- to__ O so-nho que ja-mais foi es-que-ci-do__ Lem-
    -da- de__ *In-sis-to_em dis-far-çar es-ta sau-da-de__ Sor-*

36. -bran-ças tão di-fi-cei de_e-vi-tar -rin-do com von-ta-de de cho-rar

40. *Instrumental*

45. Ao %
    e ⊕

48. -rin-do com von-ta-de de cho-rar

71

Emoções

ROBERTO CARLOS e
ERASMO CARLOS

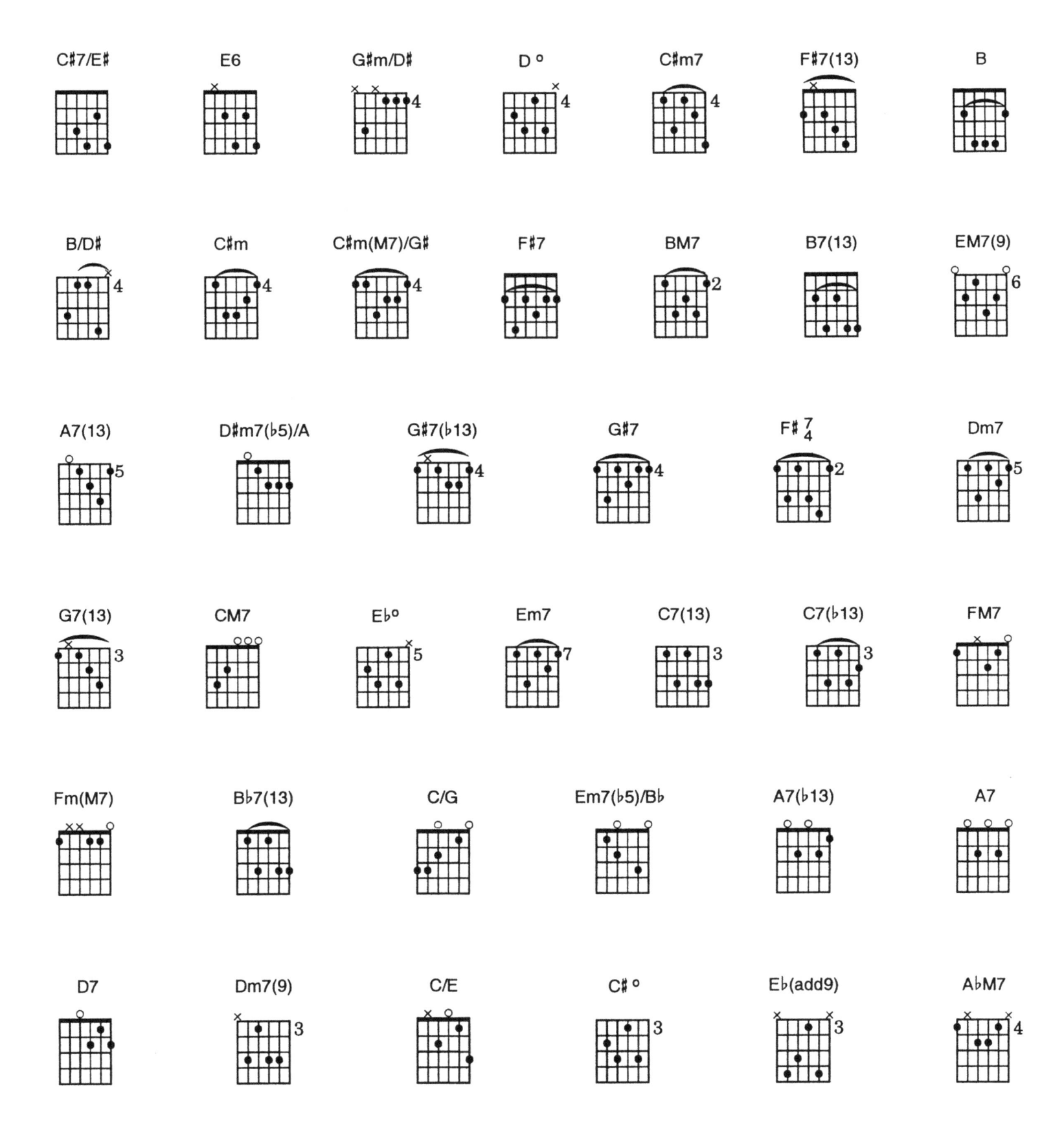

C#7/E# E6 G#m/D# D° C#m7 F#7(13) B

B/D# C#m C#m(M7)/G# F#7 BM7 B7(13) EM7(9)

A7(13) D#m7(b5)/A G#7(b13) G#7 F#7/4 Dm7

G7(13) CM7 Eb° Em7 C7(13) C7(b13) FM7

Fm(M7) Bb7(13) C/G Em7(b5)/Bb A7(b13) A7

D7 Dm7(9) C/E C#° Eb(add9) AbM7

Introdução: **C#7/E#   E6   G#m/D#   D°   C#m7   F#7(13)**

   B
Quando eu estou aqui
  B/D#   **D°**   **C#m** **C#m(M7)/G#** **C#m7** **F#7**
Eu vivo esse momento lin__do
C#m
Olhando pra você
  C#m7   **F#7(13)** **B**
E as mesmas emoções sentin__do

BM7
São tantas já vividas
B/D#   **D°   C#m   C#m(M7)/G#   C#m7   F#7**
São momentos que eu não me esqueci
C#m
Detalhes de uma vida
C#m7   **F#7(13)** **B   BM7   B   BM7**
Histórias que eu contei aqui

  B
Amigos eu ganhei
  B/D#   **D°**   **C#m** **C#m(M7)/G#** **C#m7** **F#7**
Saudades eu senti partin___do
  C#m
E às vezes eu deixei
  C#m7   **F#7(13)** **B7(13)**
Você me ver chorar sorrin___do

  EM7(9)
Sei tudo que o amor
  A7(13)
É capaz de me dar
  BM7   **D#m7(b5)/A**
Eu sei já sofri
   G#7(b13)   **G#7**
Mas não deixo de amar
  C#7(9)
Se chorei ou se sorri
   F#7(4)   **F#7(13)** **BM7   Dm7   G7(13)**
O importante é que emoções eu vivi

Instrumental: **CM7   Em7   Eb°   Dm7   G7(13)   Dm7   G7(13)   CM7**

CM7
São tantas já vividas
Em7   **Eb°   Dm7   G7(13)**
São momentos que eu não esqueci
Dm7
Detalhes de uma vida
   G7(13) **CM7**
Histórias que eu contei aqui

  CM7
Mas eu estou aqui
  Em7   **Eb°** **Dm7** **G7(13)**
Vivendo esse momento lin__do
  Dm7
De frente prá você
     G7(13)   C7(13) **C7(b13)**
E as emoções se re__petin____do

  FM7
Em paz com a vida
Fm(M7)   **Bb7(13)**
É o que ela me traz
   C/G
Na fé que me faz
Em7(b5)/Bb **A7(b13)** **A7**
Oti___mista demais

  D7
Se chorei ou se sorri
   Dm7(9)   **G7(13)** **CM7   A7(b13)**
O importante é que emoções eu vivi
  Dm7
Se chorei ou se sorri
   G7(13)   **CM7**
O importante é que emoções eu vivi

Instrumental: **C/E   Eb°   Dm7   C#°   Dm7**
      Dm7(9)   G7(13)   Em7   Eb(add9)
      AbM7   G7(13)   CM7
      (fade out)

Emoções

ROBERTO CARLOS e ERASMO CARLOS

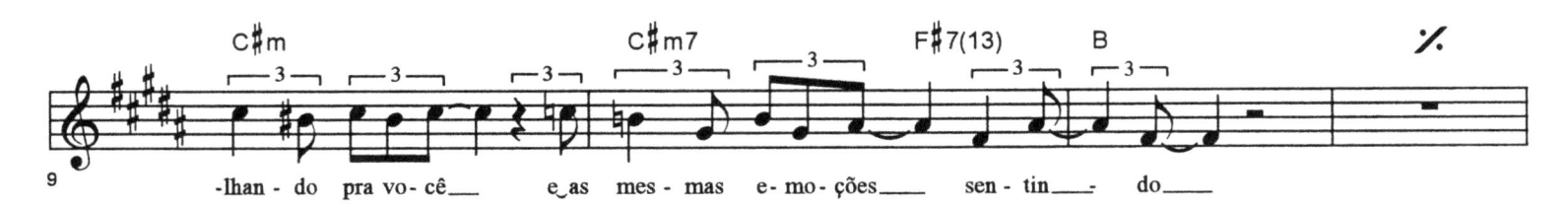

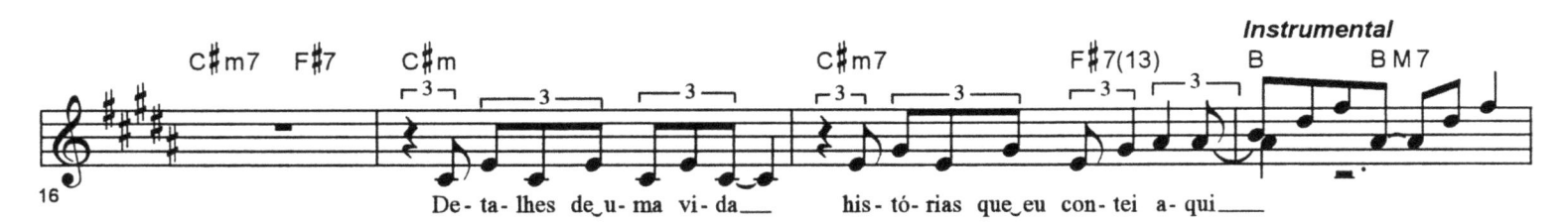

Lyrics:

Quan-do eu estou aqui__ Eu vivo esse momento lindo__ O-lhando pra você__ e as mesmas emoções__ sentindo__

São tantas já vividas__ são momentos que eu não me esqueci__

Detalhes de uma vida__ histórias que eu contei aqui__

Amigos eu ganhei__ Saudades eu senti partindo__

E às vezes eu deixei__ você me ver chorar sorrindo__

©Copyright 1983 by AMIGOS EDIÇÕES MUSICAIS LTDA.
©Copyright 1983 by ECRA REALIZAÇÕES ART. LTD.
Todos os direitos autorais reservados para todos os países. All rights reserved.

E M7(9)
A 7(13)
B M7
D♯m7(♭5)/A
28
Sei tu - do que o a - mor É ca - paz de me dar Eu sei já so - fri mas não
G♯7(♭13)
G♯7
C♯7(9)
F♯7 4
F♯7(13)
32
dei - xo de a - mar Se cho - rei ou se sor - ri O im - por - tan - te é que e - mo - ções eu vi
B M7
D m7
G 7(13)
Instrumental
C M7
E m7
E♭°
35
-vi
D m7
D m7
G 7(13)
D m7
D m7
G 7(13)
39
C M7
C M7
Voz
43
São tan - tas já vi - vi - das
E m7
E♭°
Instrumental
D m7
D m7
G 7(13)
46
São mo - men - tos que eu não es - que - ci
D m7
Voz
D m7
G 7(13)
Instrumental
C M7
49
De - ta - lhes de u - ma vi - da His - tó - rias que eu con - tei a - qui
Voz
C M7
E m7
E♭°
52
Mas eu es - tou a - qui Vi - ven - do es - se mo - men - to lin -

D m7 Instrumental D m7 G 7(13) Voz D m7
55 -do De fren - te pra vo - cê e as
D m7 G 7(13) C 7(13) C 7(♭13) F M7
58 e - mo- ções se re - pe - tin - do Em paz com a vi - da
F m(M7) B♭7(13) C/G Em7(♭5)/B♭ A7(♭13) A 7
62 E o que e - la me traz Na fé que me faz O - ti- mis - ta de - mais Se cho -
D 7 D m7(9) G 7(13) C M7
65 -rei ou se sor - ri O im - por - tan - te é que e - mo - ções eu vi - vi
A7(♭13) D m7 G 7(13) Voz
68 Se cho - rei ou se sor - ri O im- por tan - te é que e - mo - ções eu vi-
Instrumental
C M7 1ª vez C/E E♭°
71 -vi
D m7 C♯° D m7
73
D m7(9) G 7(13) E m7 E♭(add9) A♭M 7 G 7(13)
76
Fade out

Ele está pra chegar

ROBERTO CARLOS e
ERASMO CARLOS

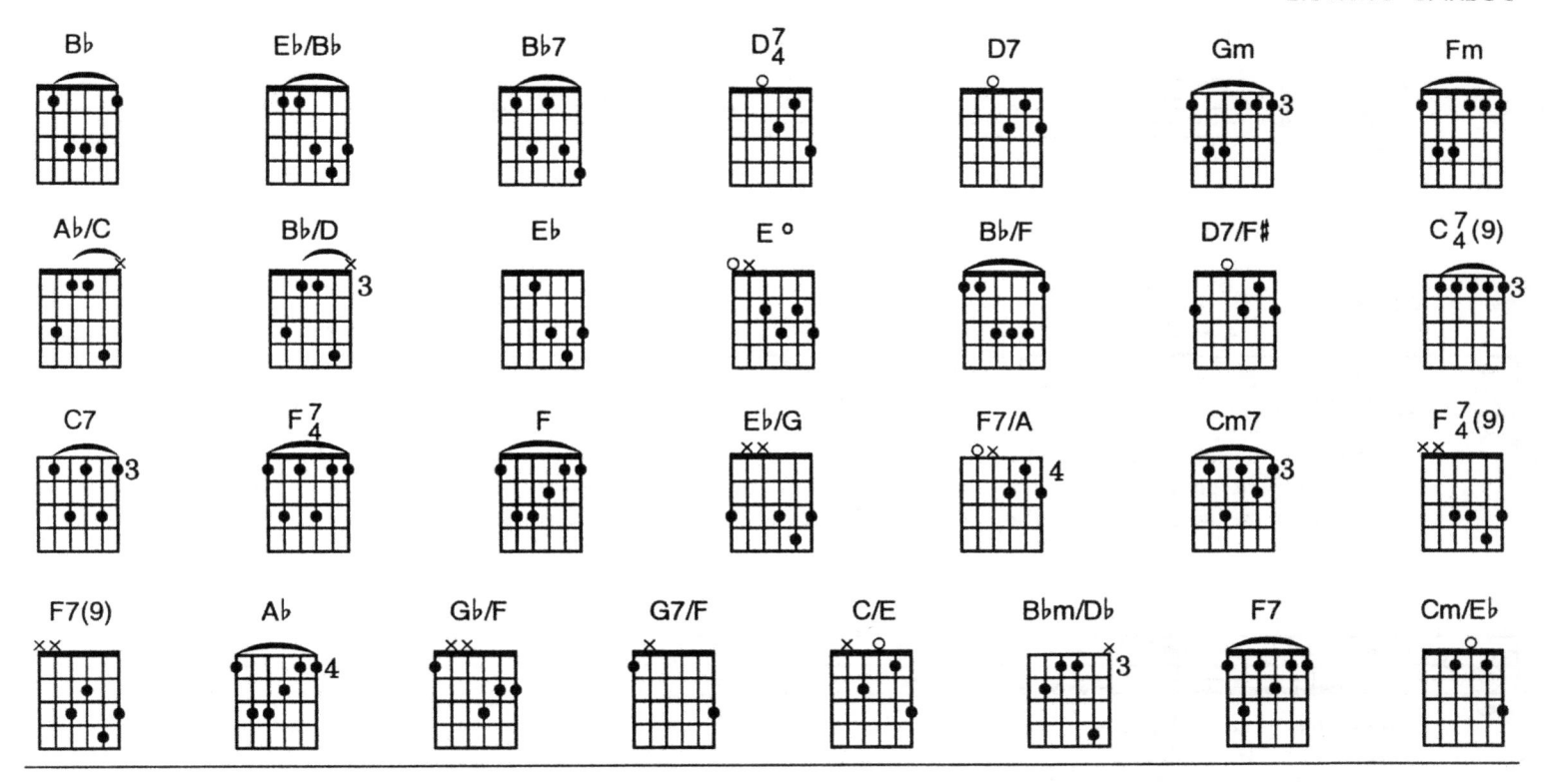

Introdução: Bb Eb/Bb Bb7 Eb/Bb
Bb Eb/Bb Bb Eb/Bb

Bb
Se ilumine na luz das estrelas
D7(4)   **D7**
Se aqueça nos raios do sol
Gm
Se refresque na chuva que cai
            Fm Bb7 Ab/C
Sobre a sua cabeça
Bb/D Eb   **E°**
Agradeça e respire no ar
Bb/F   **D7/F#**   **Gm**
Se concentre dian___te do mar
C7(4 9)   **C7**
Se procure se encontre de pres_sa
            F7(4) F Eb/G
Ele está pra chegar
F7/A Bb
Não se pode negar os sentidos
D7(4)   **D7**
Tampouco tapar os ouvidos
Gm
Pra fugir das verdades

Que a própria consciência
       Fm Bb7 Ab/C
Nos diz
Bb/D Eb   **E°**
Não adianta tentar se esconder

Bb/F   **D7/F#**   **Gm**
Nem tampouco querer se enganar
Cm7   **F7(4 9)**
Se procure se encontre depres__sa
F7(9)   **Eb**
Ele está   pra chegar
         Ab6   **Bb Eb/Bb Bb**
Ele está   pra chegar
F   **F7(4 9)**
Vista-se no branco desse amor

Que vem do alto
Bb/F   **F**
Busque o céu dos seus pensamentos

Veja que a verdade
          F7(4 9)
E as pala___vras do profeta
Bb/F   **F**
Nunca se perderam nos ventos

       ⎧   **F7(4 9)**
BIS ⎨ Pare pra pensar, pense muito bem
       ⎪ **Bb/F**   **F**
       ⎩ Olhe que esse dia já vem

       ⎧ **F**   **F7(4 9)**
BIS ⎨ Pare, pense
       ⎪ **Bb/F**   **F7(4 9) Bb/F**
       ⎩ Olhe que esse dia já vem

Instrumental: F Gb/F G7/F C/E
Cm/Eb Bb/D Bbm/Db C7(4 9)
C7 F7(4 9) F7

Bb
Muito breve uma luz vai brilhar
       D7(4)   **D7**
Nessa luz Ele então surgirá
Gm
Se materializando

Ante os olhos surpresos
          Fm Bb7 Ab/C
Do mundo
Bb/D   **Eb**   **E°**
Não se pode fugir dessa luz
        Bb/F   **D7/F#**   **Gm**
Dessa força chama__da Jesus
         Cm7   **F7(4 9)**
Se procure se encontre depres__sa
          F7(9)   **Eb**
Ele está   pra chegar
         Ab6   **Bb Eb/Bb Bb**
Ele está   pra chegar

       ⎧ **F**   **F7(4 9)**
BIS ⎨ Pare pra pensar, pense muito bem
       ⎪ **Bb/F**   **F**
       ⎩ Olhe que esse dia já vem

F   **F7(4 9)**
Pare, pense
Bb/F   **F F7(4 9) Bb/F**
Olhe que esse dia já vem *(fade out)*

Ele está pra chegar

ROBERTO CARLOS e
ERASMO CARLOS

♩ = 116

Intro | Bb | Eb/Bb | Bb7 | Eb/Bb | Bb | Eb/Bb | Voz

Se i lu-
-mi- ne na luz das es- tre- las Se a- que- ça nos ra- ios do sol Se re-
po- de ne gar os sen- ti- dos Tam- pou- co ta- par os ou- vi- dos Pra fu-
bre- ve u- ma luz vai bri- lhar Nes- sa luz E- le en- tão sur- gi- rá Se ma-

-fres- que na chu- va que cai so- bre a su- a ca- be- ça
-gir das ver- da- des que a pró- pria cons- ciên- cia nos diz
-te- ria- li- zan- do an- tes os o- lhos su- pre- sos do mun- do

A- gra- de- ça e res- pi- re no ar Se con- cen- tre di- an- te do mar
Não a- dian- ta ten- tar se es- con- der Nem tam- pou- co que- rer se en- ga- nar
Não se po- de fu- gir des- sa luz Des- sa for- ça cha- ma- da Je- sus

Se pro- cu- re se en- con- tre de- pres- sa E- le es- tá pra che- gar Não se

-sa E- le es- tá pra che- gar E- le es- tá pra che- gar

©Copyright 1983 by AMIGOS EDIÇÕES MUSICAIS LTDA.
©Copyright 1983 by ECRA REALIZAÇÕES ART. LTD.
Todos os direitos autorais reservados para todos os países. All rights reserved.

28. Vis- ta- se no bran- co des- se a- mor que vem do al- to / Bus- que o céu dos seus pen- sa- men- tos

32. Ve- ja que a ver- da- de e as pa- la- vras do pro- fe- ta / Nun- ca se per- de- ram nos ven- tos

36. Pa- re pra pen- sar pen- se mui- to bem O- lhe que es- se di- a já vem Pa- re

41. Pen- se O- lhe que es- se di- a já vem *Instrumental*

46. Mui- to *Ao 𝄋 s/ rep. e ⊕*

55. Pa- re pra pen- sar pen- se mui- to bem O- lhe que es- se di- a já vem

59. Pa- re Pen- se O- lhe que es- se di- a já vem

63. *Voz* Pa- re Pen- se O- lhe que es- se di- a já vem
Coro A- le- lu- ia A- le- lu- ia A- le- lu- ia A- le- lu- ia

Fade out

Seu corpo

ROBERTO CARLOS e
ERASMO CARLOS

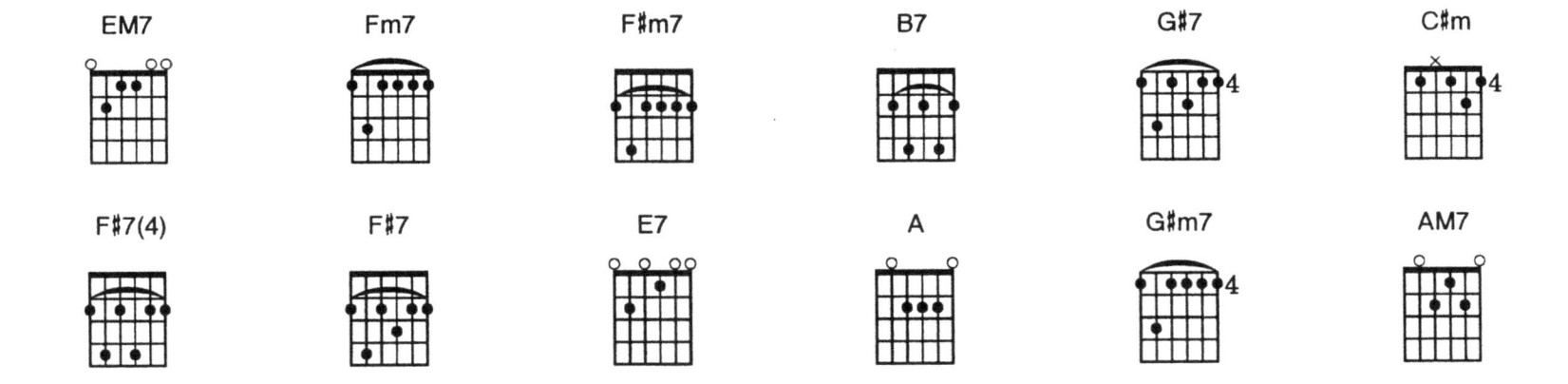

Introdução: **EM7 Fm7 F#m7 B7 Fm7 F#m7 B7
F#m7 B7 EM7 F#m7 B7**

    EM7
No seu corpo é que eu me encontro
                Fm7 F#m7
Depois do amor o descanso
      B7 Fm7 F#m7 B7
E essa paz infinita
    F#m7
No seu corpo minhas mãos
 B7   EM7
Se deslizam e se firmam
             Fm7 F#m7
Numa curva mais bonita

          B7   G#7
No seu corpo o meu momento é mais perfeito
                C#m7
E eu sinto no seu peito o meu coração bater
F#7(4)   F#7
E no meio desse abraço é que eu me amasso
  B7   F#m7 B7
E me entrego pra você

  EM7
E continua a viagem
           Fm7 F#m7
No meio dessa paisagem
 B7   F#m7 B7
Onde tudo me fascina
    F#m7
E me dei___xo ser levado
 B7   EM7
Por um caminho encantado
         E7
Que a natureza me ensina

A B7   G#m7
E embora eu já conheça bem os seus caminhos
C#m7   F#m7
Me envolvo e sou tragado pelos seus carinhos
    B7   EM7 F#m7 B7
E só me encontro se me perco no seu corpo

Instrumental: **EM7 Fm7 F#m7 B7 F#m7 B7
F#m7 B7 EM7 E7**

A B7   G#m7
E embora eu já conheça bem os seus caminhos
C#m7   F#m7
Me envolvo e sou tratado pelos seus carinhos
    B7   AM7 EM7
E só me encontro se me perco no seu corpo

= 72
Intro
Instrumental
E M7
F m7
F♯m7
B 7
F m7
F♯m7
B 7
F♯m7
B 7
E M7
F♯m7
Voz
No seu cor - po‿é ___ que‿eu en - con - tro ___ De - pois do a - mor ___ o des-
F m7
F♯m7
B 7
F m7
F♯m7
-can - so ___ E‿es - sa paz in - fi - ni - ta ___
B 7
F♯m7
B 7
No seu cor - po ___ mi - nhas mãos Se des - li - zam e se fir - mam ___

Nu - ma cur - va mais bo - ni - ta

No seu cor - po meu mo - men - to é mais per - fei -

-to E eu sin - to no seu pei - to o meu co - ra - ção ba - ter

E no mei - o de - se a bra - ço é que eu te a - mas - so

E me en - tre - go pra vo - cê

E con - ti - nu - a a vi - a - gem No mei - o des - sa pai -

-sa - gem On - de tu - do me fas - ci - na

E me dei - xo ser le - va - do Por um ca - mi - nho en - can -

-ta - do___ Que a na - tu - re - za me en - si - na___

E___ em - bo - ra eu já___ co - nhe - ça bem os

seus ca - mi - nhos___ Me en - vol - vo e sou tra - ga___ do pe - los seus ca-

-ri - nhos___ *rall.* E só me en - con - tro___ se me per - co___ no seu

cor - po___

Instrumental

Ao 𝄋
e ⊕

cor - po___

É proibido fumar

ROBERTO CARLOS e
ERASMO CARLOS

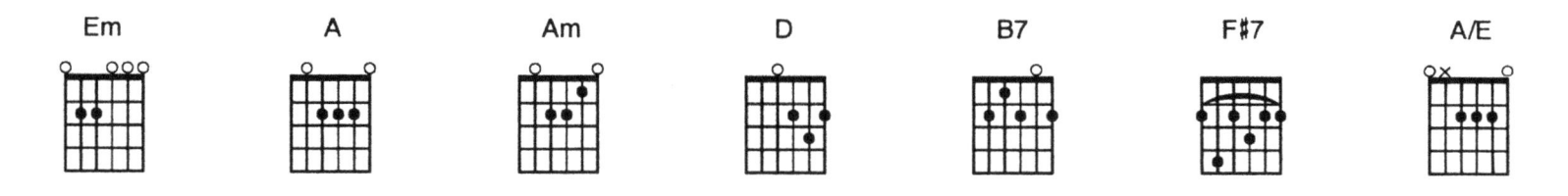

[Chord diagrams: Em, A, Am, D, B7, F#7, A/E]

Introdução: Em Em A Em Em A Em
　　　　　　Em A Em A Em A Em A

Em　 A　　Em A
É proibido fumar

Em　 A　　　Em A
Diz o aviso que eu li

Am D　　　Am D
É proibido fumar

Em　 A　　　Em A
Pois o fogo pode pegar

B7　　　　　A
Mas nem adianta o aviso olhar

B7　　　　　　A
Pois a brasa que agora eu vou mandar

Em　　 A　　Em A
Nem bombeiro pode apagar

Em　　 A　　Em A
Nem bombeiro pode apagar

　A
Eu pego uma garota e canto uma canção

　B7
E nela dou um beijo com empolgação

　A　　　　　　　　　　F#7
Do beijo sai faísca e a turma toda grita

　　　　　　　　B7
Que o fogo pode pegar

Em　　 A　　Em A
Nem bombeiro pode apagar

Em　　　A　　　Em A
O beijo que eu dei nela assim

Am　　 D　　 Am D
Nem bombeiro pode apagar

Em　　 A　　 Em A
Garota pegou fogo em mim

B7　　　　　　　A
Sigo incendiando bem contente e feliz

B7　　　　　　　A
Nunca respeitando o aviso que diz:

Em　 A　　Em A
Que é proibido fumar

Em　 A　　Em
Que é proibido fumar

Instrumental: Em A/E Em A/E Em
　　　　　　　A/E Em A/E A Em A/E Em
　　　　　　　A/E Em A/E B7 A Em

Eu pego uma garota *(etc.)*

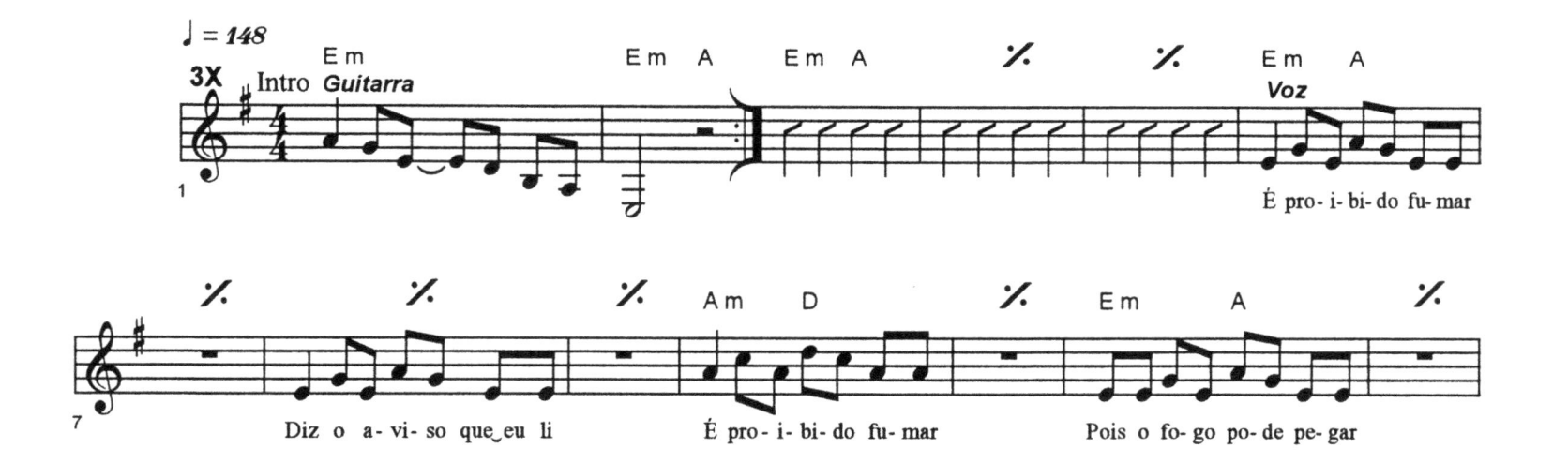

[Sheet music notation: ♩ = 148, in G major/E minor]

3X Intro *Guitarra* — *Voz*
É pro-i-bi-do fu-mar
Diz o a-vi-so que eu li
É pro-i-bi-do fu-mar
Pois o fo-go po-de pe-gar

©Copyright 1964 by EMI SONGS DO BRASIL EDIÇÕES MUSICAIS LTDA.
Todos os direitos autorais reservados para todos os países. All rights reserved.

Mas nem a-di-an-ta o a-vi-so o-lhar___ Pois a bra-sa que a-go-ra eu vou man-dar___ Nem bom-bei-ro po-de a-pa-gar Nem bom-bei-ro po-de a-pa-gar Eu pe-go u-ma ga-ro-ta e can-tou u-ma can-ção E ne-la dou um bei-jo com em-pol-ga-ção Do bei-jo sai fa-ís-ca e a tur-ma to-da gri-ta O fo-go po-de pe-gar___ Nem bom-bei-ro po-de a-pa-gar O bei-jo que eu dei ne-la as-sim Nem bom-bei-ro po-de a-pa-gar Ga-ro-ta pe-gou fo-go em mim Si-go in-cen-di-an-do bem con-ten-te e fe-liz___ Nun-ca res-pei-tan-do o a-vi-so que diz___ Que é pro-i-bi-do fu-mar___ ah___ Que é pro-i-bi-do fu-mar

Solo de sax

Que é pro-i-bi-do fu-mar___

Fade out

Custe o que custar

EDSON RIBEIRO e
HELIO JUSTO

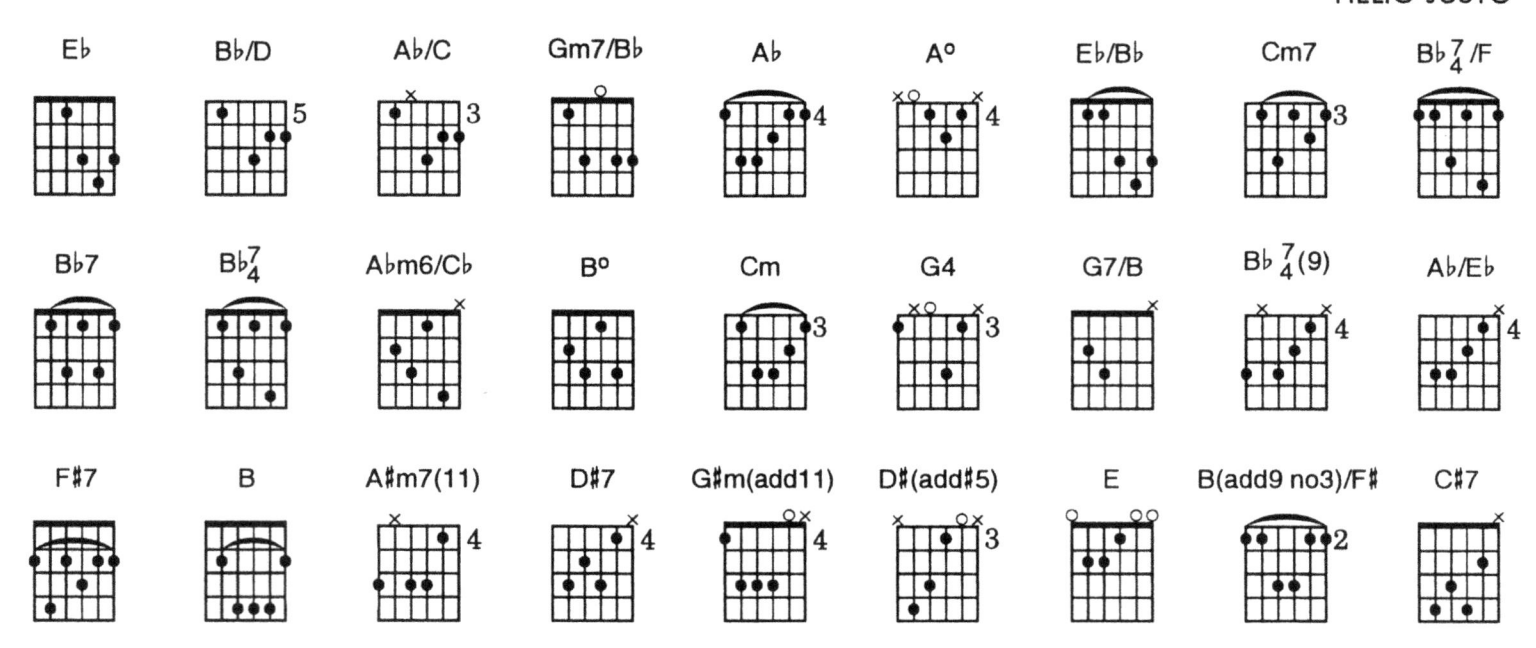

Introdução: **Eb Bb/D Ab/C Gm7/Bb Ab A° Eb/Bb Cm7**
Bb7(4)/F Bb7 Bb7(4)

Eb   **Bb/D**
Já nem sei dizer se sou feliz ou não
Cm7   **Gm7/Bb**
Já nem sei pra quem eu dou meu coração
  Ab   **Abm6/Cb**
Preciso acreditar
    Eb/Bb   **Cm7**   **Bb7(4)/F Bb7 Bb7(4)**
Que gosto de alguém e essa tristeza
Eb   **Bb/D**
Vai ter que acabar e custe o que custar
  Cm7   **Gm7/Bb**
Às vezes sinto até vontade de chorar
   Ab   **Abm6/Cb**
Eu quero ter alguém
    Eb/Bb   **Cm7**   **Bb7(4)/F   Bb7**
Que possa compreender minha desilusão
 B°   **Cm**   **Eb**   **G4**
Até pensar que nunca mais vou ter alguém pra mim
G7/B   **Ab**
Eu já pensei assim
Bb7(4 9) Ab/Eb
Até sofri demais
Cm7   **Bb7(4)/F   Bb7**   **Eb**
Somente em Deus enfim   é que eu encontro a paz

Instrumental: **F#7 B A#m7(11) D#7 G#m(add11) D#(add#5)**
       E B(add9 no3)/F# C#7 F#7(4) F#(add9) Bb7

Já nem sei dizer se sou feliz ou não *(etc.)*

Instrumental: **Bb/D Ab/C Bb7(4 9) Bb7 Eb**

♩ = 69

Lyrics:

Já nem sei dizer se sou feliz ou não Já nem sei pra quem eu dou meu coração Preciso acreditar Que gosto de alguém e essa tristeza

Vai ter que acabar e custe o que custar Às vezes sinto a-té vontade de chorar Eu quero ter alguém Que possa compreender minha desilusão

A-té pensar que nunca mais vou ter al-

G 4
G/B
A♭
guém pra mim
Eu já pen - sei as - sim
B♭7 4(9)
A♭/E♭
C m7
B♭7 4/F
B♭7
A - té so - fri de- mais
So - men- te em Deus en- fim
é que eu en -
rall p/ Coda
E♭
B
Instrumental
A♯m 7(11)
con - tro a paz
D♯7
G♯m(add11)
D♯(add ♯5)
E
B(add9no 3)/F♯
C♯7
F♯7 4
F♯7
F♯(add9)
B♭7
Ao 𝄋 s/ rep. e 𝄌
E♭
Piano
Voz
B♭/D
2ª vez con - tro a paz
A♭/C
B♭7 4(9)
B♭7
E♭

As curvas da estrada de Santos

ROBERTO CARLOS e
ERASMO CARLOS

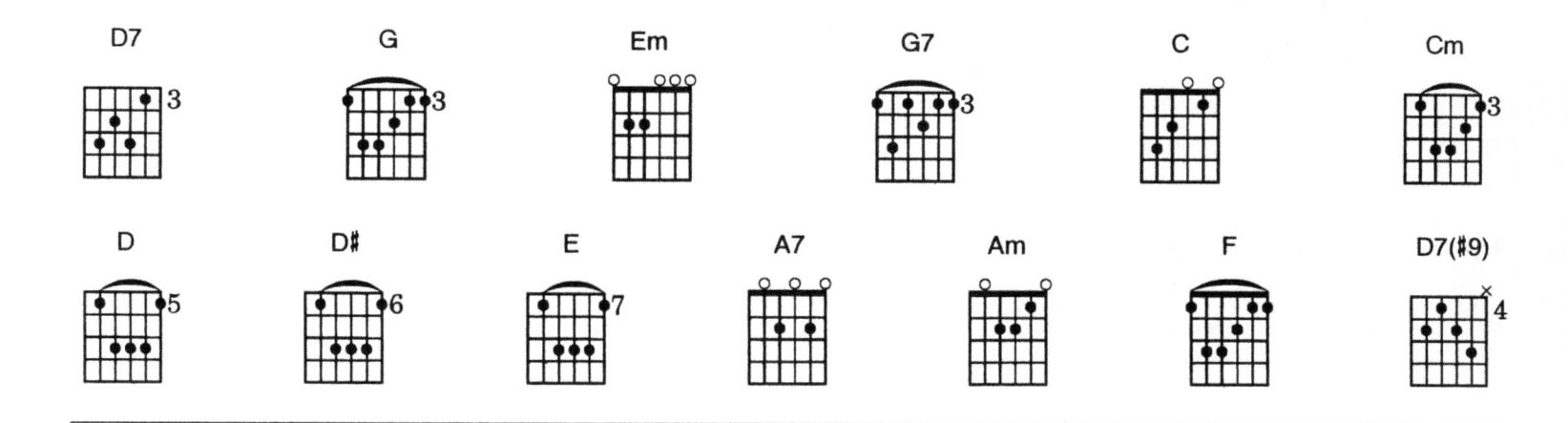

Introdução: **D7**

Se você pretende saber quem eu sou

G

Eu posso lhe dizer

D7

Entre no meu carro na estrada de Santos

Em

E você vai me conhecer

G7

C Você vai pensar

Que eu não gosto nem mesmo de mim

Cm   **G D D# E**

E que na minha ida__de só a velocidade

A7

Anda junto a mim

D7

Só ando sozinho e no meu caminho

G

O tempo é cada vez menor

D7

Preciso de ajuda por favor me acuda

Em

Eu vivo muito só

G7

C Se acaso numa cur__va

     Cm

Eu me lembro do meu mundo

G D D# E

Eu piso mais fundo corrijo num segundo

A7

Não posso parar

D7

Eu prefiro as curvas da estrada de Santos

G

Onde eu tento esquecer

D7

Um amor que eu tive e vi pelo espelho

Em

Na distância se perder

G7

C Mas se o amor que eu perdi

     Cm

Eu novamente encontrar

G D D# E

As curvas se acabam

A7

E na estrada de Santos

D7

Não vou mais passar

G

Não não vou mais passar

D7

Instrumental: **Am D7 G Em Am F D7(#9)**

Eu prefiro as curvas da estrada de Santos *(etc.)*

FINAL (repetir e fade out)

Não, não, não, não, não

E7

Na estrada de Santos

A7

As curvas se acabam

D7

E eu não vou mais passar

G

89

As curvas da estrada de Santos

ROBERTO CARLOS e
ERASMO CARLOS

♩ = 96

Se você pretende_ saber quem eu sou Eu posso lhe dizer___ Entre no meu carro__ na estrada de Santos__ E você vai me conhecer___ Você vai pensar que eu__ não gosto nem mesmo de mim___ (im)___ E que na minha ida__ só a velocidade__ Anda junto a mim Só ando sozinho e no__ meu caminho O tempo é cada vez__ menor Preciso de ajuda__ por favor me ajuda__ Eu vivo muito só__ Se acaso numa cur-

©Copyright by EDIÇÕES EUTERPE LTDA.
Todos os direitos autorais reservados para todos os países. All rights reserved.

-va eu me lembro do meu mundo__ Eu pi-so mais fun-do__ cor-ri-jo num se-gun-do__ Não pos-so pa-rar Eu pre-fi-ro as cur-vas__ da es-tra-da de San-tos__ On-de eu ten-to es-que-cer__ Um a-mor que eu ti-ve e vi pe-lo es-pe-lho__ Na dis-tân-cia se per-der__ Mas se o a-mor que eu per-di eu no-va-men-te__ en-con-trar____ As cur-vas se a-ca-bam E na es-tra-da de San-tos__ Não vou mais pas-sar Não não__ vou mais pas-sar__

Instrumental

-sar Não não não não não____ Na es-tra-da de San-tos__ As cur-vas se a-ca-bam E eu não vou mais pas-sar__ Não não__ não não oh!__ Na es-tra-da de

Rep. ad libitum **Fade out**

Como dois e dois

CAETANO VELOSO

C#7 F#m D E7 A B7

(A)   C#7
Quando você me ouvir cantar

F#m   C#7
Venha não creia eu não corro perigo

D   E7   A   F#m
Digo não digo não ligo deixo no ar

B7   E7
Eu sigo apenas porque eu gosto de cantar

A   C#7
Tudo vai mal tudo

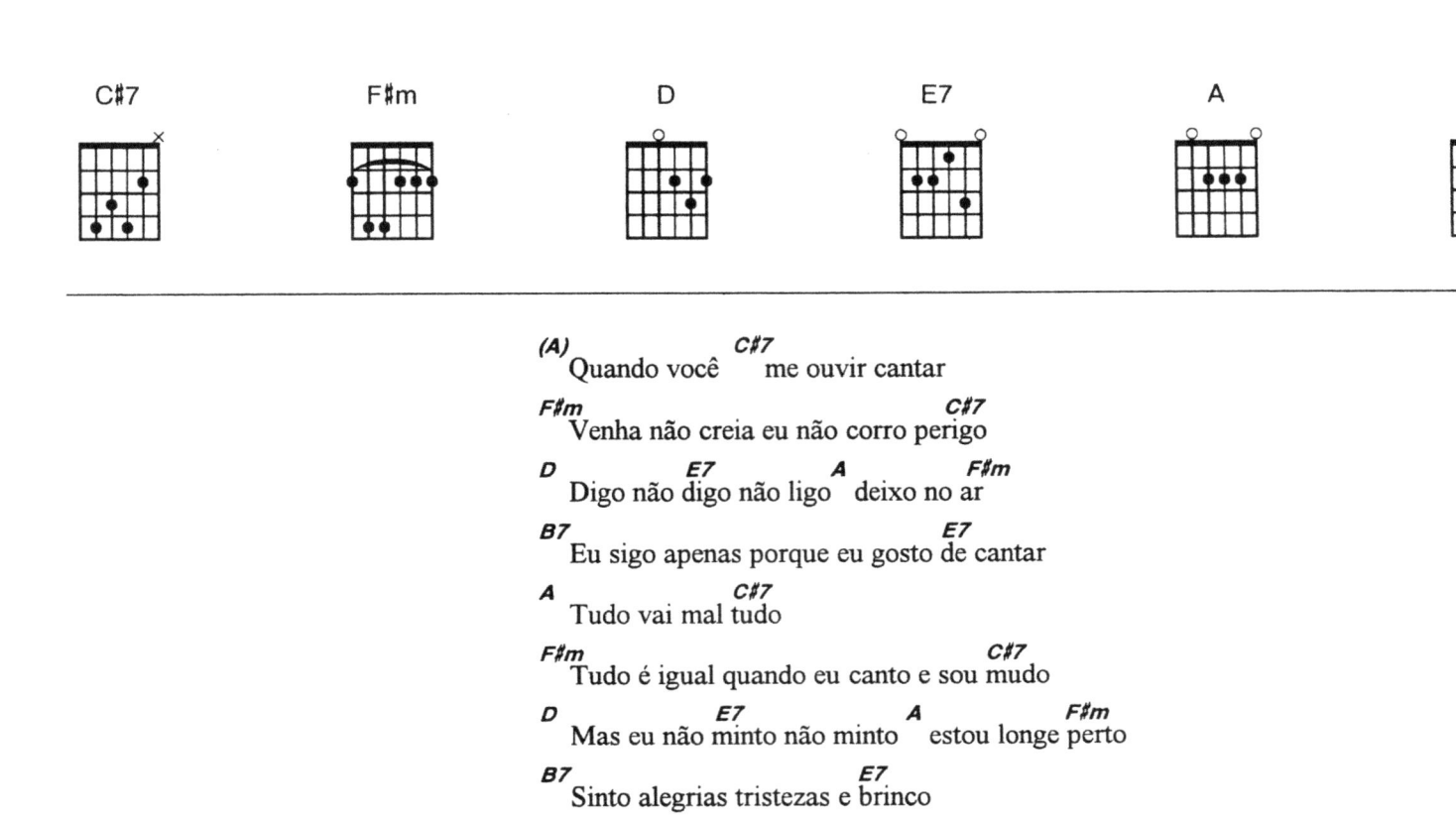

F#m   C#7
Tudo é igual quando eu canto e sou mudo

D   E7   A   F#m
Mas eu não minto não minto estou longe perto

B7   E7
Sinto alegrias tristezas e brinco

A
Meu amor

D   A
Tudo em volta está deserto tudo certo

D   E7
Tudo certo como dois e dois são cinco

A   C#7
Quando você me ouvir chorar

F#m   C#7
Tente não cante não conte comigo

D   E7
Falo não calo não falo

A   F#m
Deixo sangrar

B7   E7
Algumas lágrimas bastam pra consolar

A   C#7
Tudo vai mal tudo

F#m   C#7
Tudo mudou não me iludo e contudo

D   E7
A mesma porta sem trinco

A   F#m
O mesmo teto

B7   E7
E a mesma lua a furar nosso zinco

BIS: Meu amor *(etc.)*

♩. = 55
Intro
(A)
Instrumental
Voz
C#7
F#m
Quan- do vo- cê me‿ou- vir can- tar__ Ve- nha não crei - a eu não cor- ro pe-
me‿ou- vir cho- rar__ Ten- te não can- te não con- te co-
C#7 D E7 A F#m
-ri - go Di - go não di - go não li - go dei - xo no ar
-mi - go Fa - lo não ca - lo não fa - lo dei - xo san- grar
B7 E7 A C#7
Eu si- go‿a- pe- nas por- que‿eu gos- to de can- tar__ Tu- do vai mal tu - do
Al- gu- mas lá - gri- mas bas - tam pra con - so - lar__ Tu - do vai mal tu - do
F#m C#7 D E7
Tu- do‿é i - gual quan- do‿eu can- to‿e sou mu - do Mas eu não min- to não min- to
Tu - do mu- dou não me‿i - lu - do‿e con - tu - do A mes- ma por- ta sem trin- co
A F#m B7 E7
es- tou lon - ge per - to Sin- to‿a - le - gri - as tris - te - zas e brin - co
o mes - mo te - to E‿a mes- ma lu - a‿a fu- rar nos- so - zin - co
A Coro D Voz A
Meu a- mor lá lá lá tchu- u - rú Tu- do‿em vol- ta‿es - tá de- ser- to- tu- do cer- to lá lá lá tchu - u
D E7 D.C. e
A
rú Tu- do cer- to co- mo dois e dois são cin- co Meu a- mor lá lá lá tchu - u -
D A D E7 D.C. e
rú Tudo‿emvolta‿es- tá de-ser-to-tu-do cer-to lá lá lá tchu u - rú Tu-do cer-to co-mo dois e dois são cin-co

É preciso saber viver

ROBERTO CARLOS e
ERASMO CARLOS

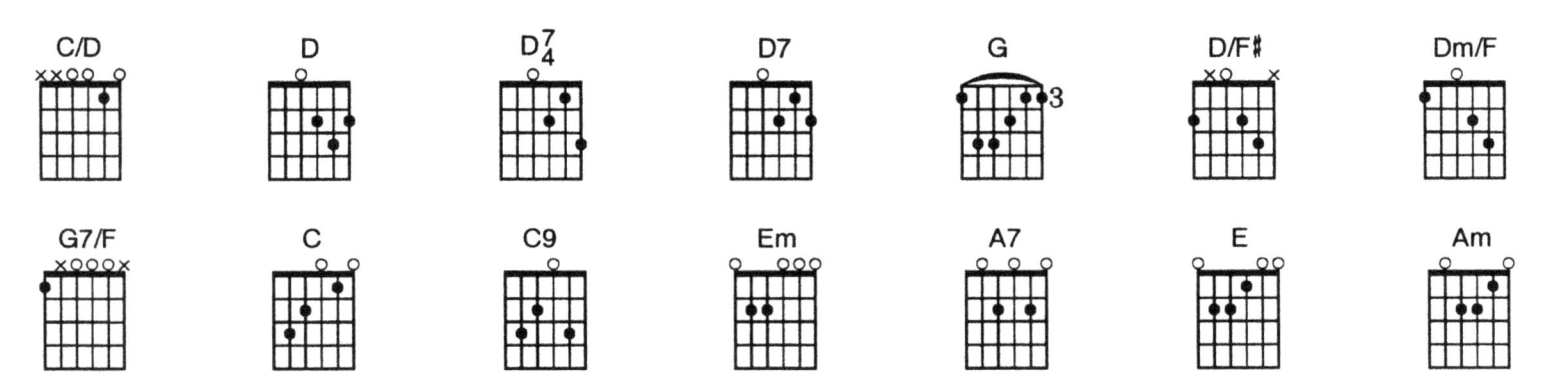

Introdução: C/D D C/D D D7(4) D7

G
Quem espera que a vida
D/F#
Seja feita de ilusão
Dm/F   **G7/F**
Pode até ficar maluco
C
Ou morrer na solidão
C9   **C**
É preciso ter cuidado
G   **Em**
Pra mais tarde não sofrer
A7   **C/D**   **D**
É precido saber viver

G
Toda pedra do caminho
D/F#
Você deve retirar
Dm/F   **G7/F**
Numa flor que tem espinhos

C
Você pode se arranhar
C9
Se o bem e o mal existem
G   **Em**
Você pode escolher
A7   **C/D**   **D**
É preciso saber viver

REFRÃO:

C   **G**   **Em**
É preciso saber viver
C   **G**   **Em**
É preciso saber viver
C   **G**   **Em**
É preciso saber viver
A7   **D**
Saber viver

Improviso: G D/F# Dm/F E Am D

Toda pedra do caminho *(etc.)*

Refrão (fade out)

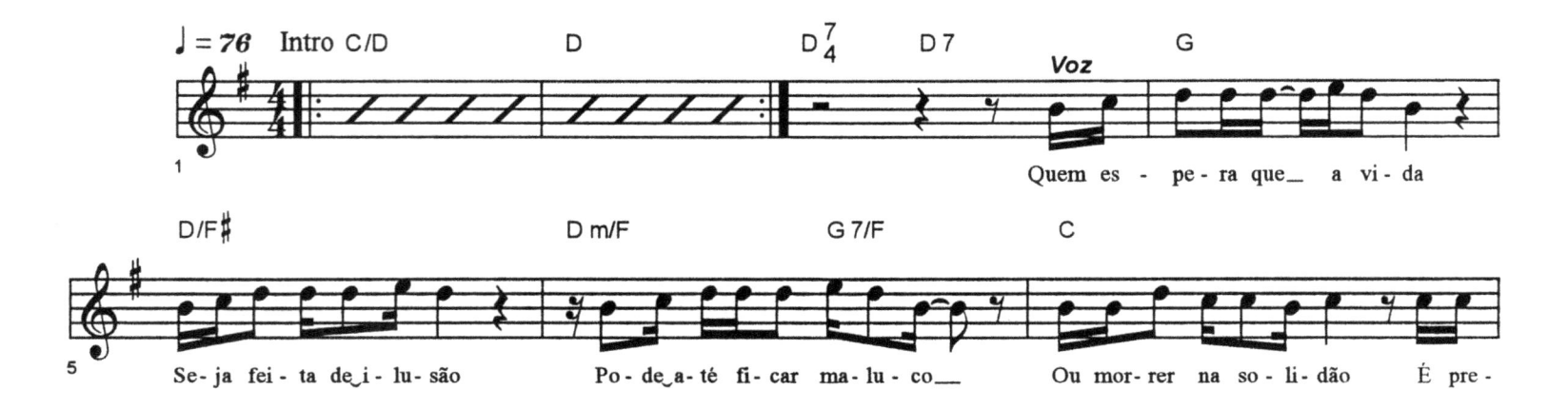

♩ = 76 Intro C/D   D   D7(4)   D7   **Voz**   G

Quem es - pe - ra que_ a vi - da

D/F#   Dm/F   G7/F   C

Se - ja fei - ta de_i - lu - são   Po - de_a - té fi - car ma - lu - co__   Ou mor - rer na so - li - dão   É pre-

©Copyright by SERESTA EDIÇÕES MUSICAIS LTDA.
Todos os direitos autorais reservados para todos os países. All rights reserved.

C9 C G Em A7 C/D
-ci- so ter cui- da- do Pra mais tar- de não so- frer É pre- ci- so sa- ber vi- ver
D G D/F♯
To- da a pe- dra do ca- mi- nho Vo- cê de- ve re- ti- rar Nu- ma
D m/F G 7/F C C9
flor que tem es- pi- nhos Vo- cê po- de se ar- ra- nhar Se o bem e o mal e- xis- tem Vo- cê
G Em A7 C/D D C G Em
-po- de es- co- lher É pre- ci- so sa- ber vi- ver É pre- ci- so sa- ber vi- ver
2ª vez
C G Em C G Em
É pre- ci- so sa- ber vi- ver É pre- ci- so sa- ber vi- ver
A7 D
sa- ber vi- ver
G D/F♯ D m/F E Am D
Improviso de guitarra
Ao e
C G Em
Rep. ad libitum
É pre- ci- so sa- ber vi- ver
Fade out

Alô

ROBERTO CARLOS e
ERASMO CARLOS

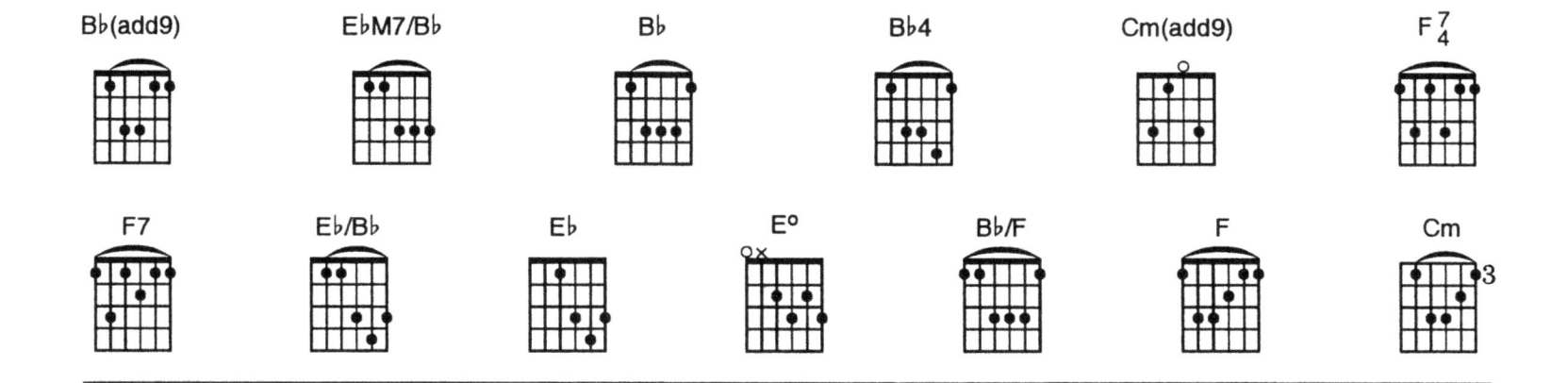

Introdução: **Bb(add9) EbM7/Bb**

     Bb
Diga logo de uma vez
Bb4   **Bb**
O que você quer de mim
    Cm(add9)
Não me torture mais
    F7(4)
Não me faça mais sofrer

Insistindo me me dizer
F7   **Bb**   **Eb/Bb** **Bb**
Que pensa em mim demais

Quando você fica só
             Bb4
E precisa ouvir a voz
Bb   **Eb**
De quem te ama
E°   **Bb/F**
Não suporta a solidão
    F7(4)   **F7** **Bb**
Pega o telefone e então me chama

F
E quando eu digo alô
F7   **Bb4**   **Bb**
Fala de amor, às vezes chora e me__xe com meu coração
                          F
Me faz pensar que ainda me ama e alimenta essa ilusão
F7   **Bb**
Que acaba nas semanas que você me esquece

               F
Quando eu penso que esqueci
F7
O telefone entra rasgando
    Bb4 **Bb**
A ma__drugada a enlouquecer
                         F
O coração dispara a mesma história

Vejo acontecer
F7
E atordoado eu digo alô
Bb   **Eb**
E é você
Bb
Diga logo de uma vez

O que você quer de mim

Solo de guitarra: **Cm F7(4) F7 Bb Eb**

Quando você fica só *(etc.)*

Lyrics:

Di - ga lo - go de u - ma vez O que vo-cê quer de mim Não me tor - tu - re mais Não me fa - ça mais so - frer In - sis - tin - do em me di - zer Que pensa em mim de - mais Quan - do vo - cê fi - ca só E pre - ci - sa ou - vir a voz De quem te a - ma Não su - por - ta a so - li - dão Pe - ga o te - le - fo - ne e en - tão me cha - ma

E quan - do eu di - go a - lô
Quan - do eu pen - so que es - que - ci

Fa - la de a - mor às ve - zes cho - ra e me - xe com meu co - ra - ção
O te - le - fo - ne en - tra ras - gan - do a ma - dru - ga - da en - lou - que - cer

Me faz pen - sar que a - in - da me a - ma e a - li - men - ta es - sa i - lu - são
O co - ra - ção dis - pa - ra a mes - ma his - tó - ria ve - jo a con - te - cer

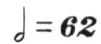

©Copyright 1994 by AMIGOS EDIÇÕES MUSICAIS LTDA.
©Copyright 1994 by ECRA REALIZAÇÕES ARTÍSTICAS LTD.
Todos os direitos autorais reservados para todos os países. All rights reserved.

Que a-ca-ba nas se-ma-nas que vo-cê me_es-que-ce E_a-tor-do-a-do_eu di-go_a-lô

E é vo-cê Di-ga lo-go de_u-ma vez O que vo-cê quer de mim

Solo de guitarra

segue solo de guitarra

Voz c/ rep. Ao 𝄋

Quan-do vo

E quan-do_eu di-go_a-lô Fa-la de_a-
Quan-do_eu pen-so que_es-que-ci **Fade out na 2ª vez** O te-le-

-mor às ve-zes cho-ra_e me-xe com meu co-ra-ção Me faz pen-
-fo-ne_en-tra ras-gan-do_a ma-dru-ga-da_a_en-lou-que-cer O co-ra-

-sar que_ain-da me a-ma_e a li-men-ta_es-sa_i-lu-são Que_a-ca-ba nas se-ma-nas que vo-
-ção dis-pa-ra_a mes-ma his-tó-ria ve-jo_a-con-te-cer

-cê me_es-que-ce E_a-tor-do-a-do_eu di-go_a-lô E é vo-cê

Amigo

ROBERTO CARLOS e
ERASMO CARLOS

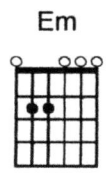

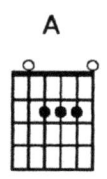

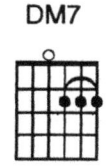

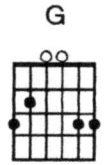

Bm   Em   A   DM7   G   F#7

Introdução (duas vezes): **Bm   Em   A   Bm**

Bm   Em
Você meu amigo de fé meu irmão camara__da
A   DM7
Amigo de tantos caminhos e tantas jorna__das
G   Em
Cabeça de homen mas o coração de meni__no
F#7   Bm
Aquele que está do meu lado em qualquer caminha__da

Bm   Em
Me lembro de todas as lutas meu bom companhei__ro
A   DM7
Você tantas vezes provou que é um grande guerrei__ro
G   Em
O seu coração é uma casa de portas aber__tas
F#7   Bm   Bm Em A Bm
Amigo você é o mais certo das horas incer__tas

Bm   Em
Às vezes em certos momentos difíceis da vi__da
A   DM7
Em que precisamos de alguém pra ajudar na saí___da
G   Em
A sua palavra de força de fé e de cari__nho
F#7   Bm
Me dá a certeza de que eu nunca estive sozi___nho

Bm   Em
Você meu amigo de fé meu irmão camara__da
A   DM7
Sorriso e abraço festivo da minha chega__da
G   Em
Você que me diz as verdades com frases aber__tas
F#7   Bm   Bm Em A Bm
Amigo você é o mais certo das horas incer___tas

Instrumental: **Bm   Em   A   Bm**

Bm
Não preciso nem dizer
Em
Tudo isso que eu lhe digo
A
Mas é muito bom saber
Bm
Que você é meu amigo

Bm
Não preciso nem dizer
Em
Tudo isso que eu lhe digo
A
Mas é muito bom saber
Bm
Que eu tenho um grande amigo

(Fade out)

Amigo

ROBERTO CARLOS e ERASMO CARLOS

♩ = 144

Intro — *Sopros* — Bm — *simile* — Em — A — Bm

Voz — Bm

Vo-cê meu amigo de fé meu irmão ca-ma-
Me lembro de todas as lu-tas meu bom com-pa-
As vezes em certos momen-tos di-fí-ceis da
Vo-cê meu amigo de fé meu irmão ca-ma-

Em — A

-rada A-migo de tantos caminhos e tantas jor-
-nheiro Vo-cê tantas vezes provou que é um grande guer-
vida Em que precisamos de alguém pra ajudar na sa-
-rada Sor-riso e abraço festivo da minha che-

DM7 — G

-nadas Ca-beça de homem mas o coração de me-
-reiro O seu coração é uma casa de portas a-
-ída A sua palavra de força de fé e de ca-
-gada Vo-cê que me diz as verdades com frases a-

Em — F#7

-nino A-quele que está do meu la-do em qualquer ca-mi-
-bertas A-migo você é o mais certo das horas in-
-rinho Me dá a certeza de que eu nunca estive so-
-bertas A-migo você é o mais certo das horas in-

©Copyright 1983 by AMIGOS EDIÇÕES MUSICAIS LTDA.
©Copyright 1983 by EDCRA REALIZAÇÕES ART. LTD.
Todos os direitos autorais reservados para todos os países. All rights reserved.

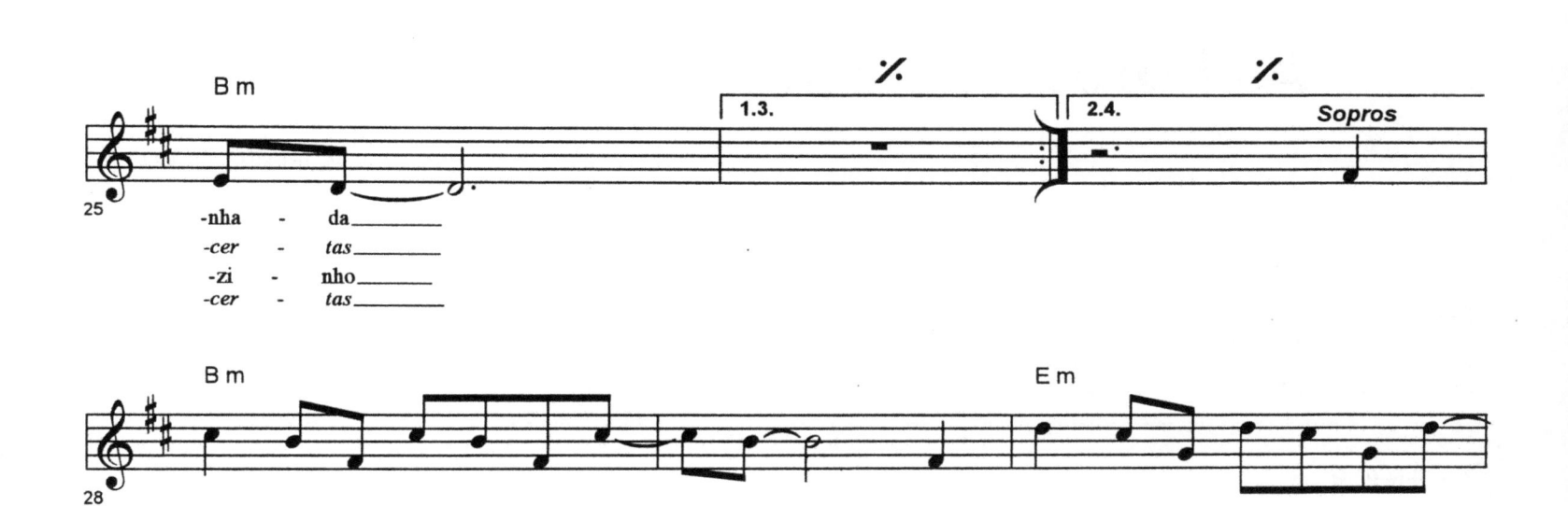

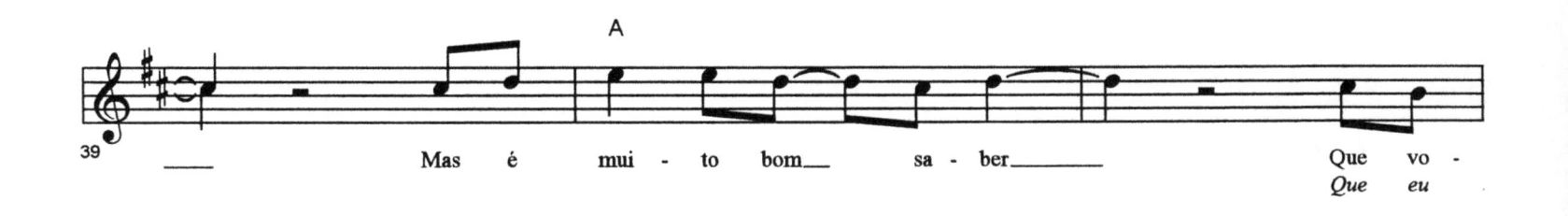

-nha - da
-cer - tas
-zi - nho
-cer - tas

Não pre - ci - so nem dizer Tu - do is - so que eu lhe di - go
Mas é mui - to bom saber Que vo-
Que eu

-cê é meu a - mi - go Não pre-
te - nho um gran - de a - mi - go

Fade out

As flores do jardim da nossa casa

ROBERTO CARLOS e
ERASMO CARLOS

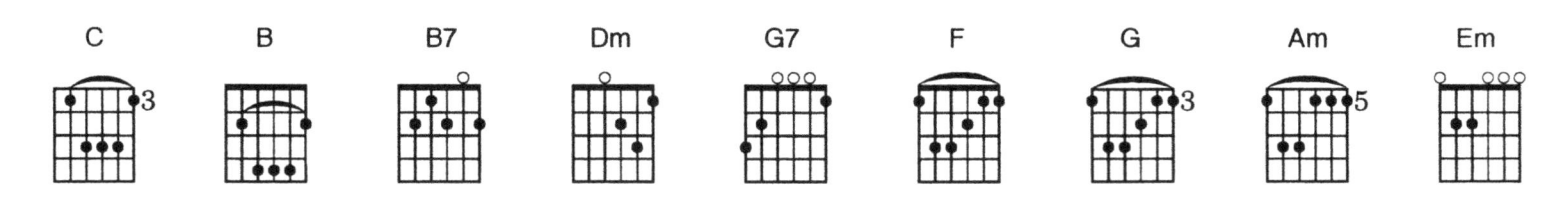

Introdução: **C**

    C   **B**
As flores do jardim da nossa casa
    C   **B7**
Morreram todas de saudade de você
Dm   **G7**
  E as rosas que cobriam nossa estrada
F   **G**
  Perderam a vontade   de viver

REFRÃO:

           C   **Am**
Eu já não posso mais olhar nosso jardim
   F   **Dm**   **G**
Lá não existem flores tudo morreu pra mim
              C   **Am**
Não não não não posso mais olhar nosso jardim
   F   **G**
Lá não existem flores tudo morreu pra mim

C
  As coisas que eram nossas se acabaram
C   **B7**
  Tristeza e solidão é o que restou

Dm   **G7**
  As luzes das estrelas se apagaram
F   **G**
  E o inverno da saudade começou

C   **B**
  As nuvens brancas se escureceram
    C   **B7**
E o nosso céu azul se transformou
Dm   **G7**
O vento carregou todas as flores
F   **G**
  E em nós a tempestade desabou

Refrão

F   **Em**
  Mas não faz mal depois que a chuva cair
  Dm   **G7**
Outro jardim um dia
      C   **Am**   **F**   **G7**
Há de reflorir uou   uou   hah

Refrão   *(fade out)*

©Copyright 1969 by EMI SONGS DO BRASIL EDIÇÕES MUSICAIS LTDA.
Todos os direitos autorais reservados para todos os países. All rights reserved.

F	G	G	

Per - de - ram a von - ta - de de - vi - ver___ Eu já não

simile

C	Am	F	

pos - so mais___ o - lhar nos - so jar - dim Lá não e - xis - tem flo - res___ tu - do mor -

Dm	G	C	Am

-reu pra mim Não___ não___ não não pos - so mais___ o - lhar nos - so jar - dim Lá não e -

Fade out

F	G	C

-xis - tem flo - res___ tu - do mor - reu pra mim As coi - sas que_e - ram nos - sas

As nu - vens bran - cas se es-

B	C	B7

se_a - ca - ba - ram___ Tris - te - za_e so - li - dão é_o que res - tou

-cu - re - ce - ram E_o nos - so céu a - zul se trans - for - mou

Dm	G7	F

As lu - zes das es - tre - las se_a - pa - ga - ram E_o in - ver - no da sau - da - de

O ven - to car - re - gou to - das as flo - res___ E_em nós a tem - pes - ta - de

G	G	F	Em

co - me - çou___ Eu já não Mas não faz mal de - pois que_a chu - va cair Ou-

de - sa - bou___

Dm	G7	C	Am	F	G7

tro jar - dim um di - a Há de re - flo - rir___ Uou___ uou___ hah___ Eu já não

Ao %
e
Fade out

De coração pra coração

MAURO MOTTA, ROBSON JORGE,
LINCOLN OLIVETTI e ISOLDA

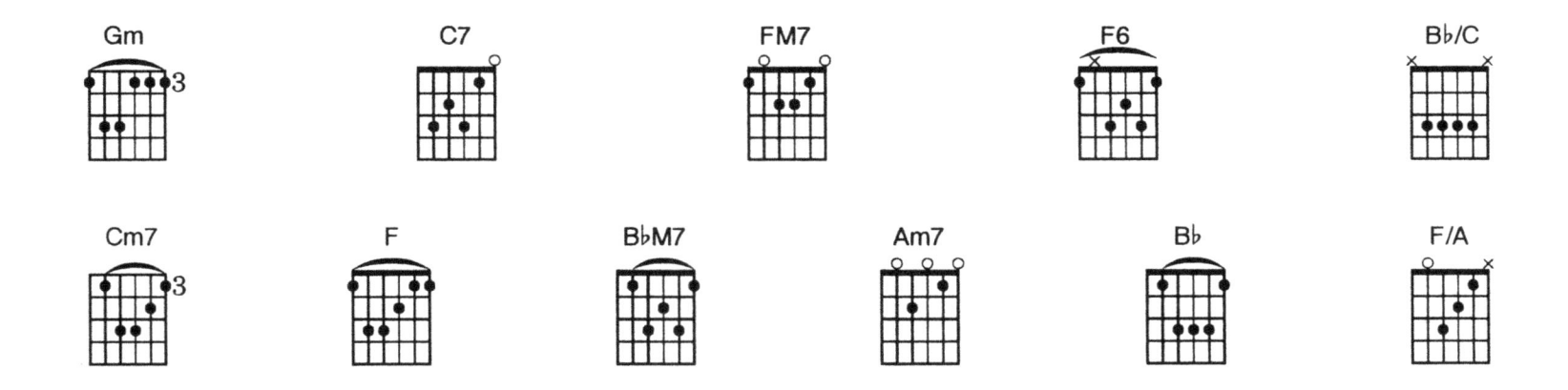

Introdução: **No chord**

      Gm C7   FM7
  Vem mais pra cá   chega pra mim
F6   Bb/C   Cm7   C7   F FM7 F6
  Quero sentir esse sonho de amor e ficar assim
F   BbM7   C7   F   Am7   Bb
  Na sintonia da emoção de coração pra co__ração

C7   Bb/C C7   FM7
  Eu sou assim   um sonhador
F6   Bb/C   Cm7   C7 F FM7 F6
  Que encontrou nessa vida o caminho do seu amor
F   BbM7   C7   F   Am7   Bb
  Deixa o seu beijo me mostrar o que você não diz vem cá

REFRÃO:

   C7   F
  Por essa madrugada afo__ra
   C7   F
  Seu beijo no amanhecer
   Bb   F/A   Gm
  Nós somos só nos dois ago__ra
   C7   F
  E tanta coisa pra dizer
   C7   F
  E tudo isso faz senti__do
   C7   F
  Você me faz compreender
   Bb   F/A   Gm
  Que tudo é muito mais boni__to
   C7   F
  O tempo todo com você

F   Bb/C C7   FM7
  Você e eu   e nada mais
F6   Bb/C   Cm7
  E os nossos beijos tem sempre o sabor
   C7   F FM7 F6
  De te quero mais
F   BbM7   C7
  Então não deixe pra depois
   F   Am7   Bb
  Tudo é bonito entre   nós dois

     Bb/C C7   FM7
  Somos assim   somos iguais
F6   Bb/C   Cm7
  E a vida cheia de coisas tão lindas
   C7   F FM7 F6
  Que a gente faz
F   BbM7   C7   F   Am7   Bb
  Na sintonia da emoção de coração pra co__ração

Refrão

(repete ad libtum e fade out)

♩ = 94
N.C.
Intro
Synth.
(2ª vez) B♭
N.C.
Voz
Vem mais pra cá che - ga pra mim Que - ro sen - -tir es - se so - nho de_a - mor e fi - car as - sim Na sin - to - -ni - a da_e - mo - ção de co - ra - ção prá co - ra - ção
Eu sou as - -sim um so - nha - dor Que en - con - -trou nes - sa vi - da_o ca - mi - nho do seu a - mor Dei - xa_o seu bei - jo me mos - trar o que vo - cê não diz vem cá
Vo - cê e eu e na - da mais E_os nos - sos bei - jos tem sem - pre_o sa - bor de te que - ro mais En - tão não dei - xe pra de - pois Tu - do_é bo - ni - to_en - tre nós dois
So - mos as - -sim so - mos i - guais E_a vi - da chei - a de coi - sas tão lin - das que_a gen - te faz Na sin - to - -ni - a da_e - mo - ção de co - ra - ção pra co - ra - ção
Gm C7 FM7 F6 B♭/C Cm7 C7 F FM7 F6 F B♭M7 C7 F Am7 B♭ C7 F C7 F B♭ F/A Gm C7 F
Por es - sa ma - dru - ga - da_a - fo - ra Seu bei - jo no a - ma - nhe - cer Nós so - mos só nos dois a - go - ra E tan - ta coi - sa pra di - zer E
tu - do is - so faz sen - ti - do Vo - cê me faz com - pre - en - der Que tu - do_é mui - to mais bo - ni - to O tem - po to - do com vo - cê
Fade out
Ao 𝄋 (3ª letra)

Fera ferida

ROBERTO CARLOS e
ERASMO CARLOS

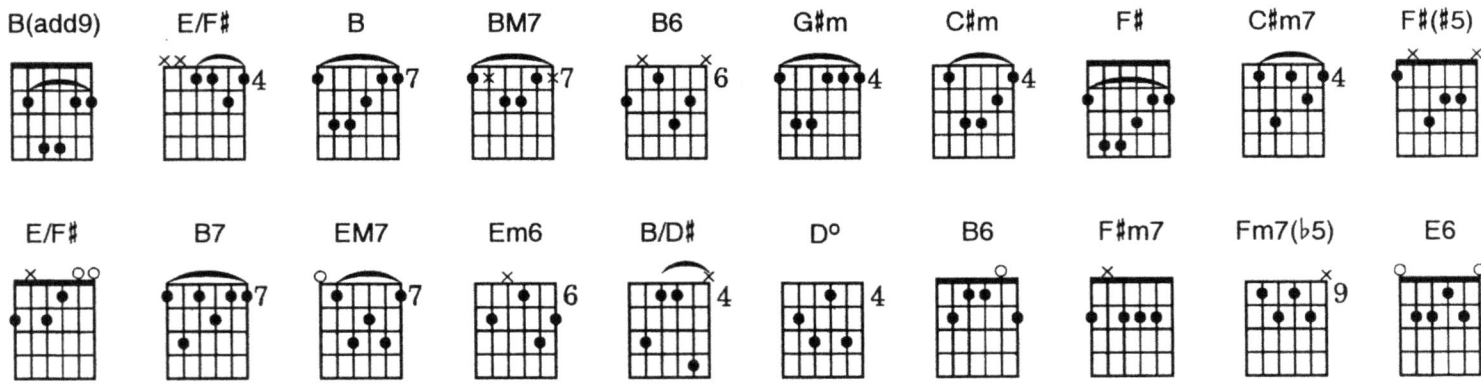

Introdução: **B(add9)   E/F#   B(add9)**

  B BM7
Acabei com tu___do
   B6
Escapei com vi__da

Tive as roupas e os sonhos
  G#m   C#m F#
Rasgados na minha saída
  C#m C#m7
Mas saí feri__do

Sufocando meu gemido
  F#
Fui o alvo perfeito
  F#(#5)   BM7 E/F#
Muitas vezes no peito atingido
 B BM7
Animal aris__co
    B6
Domesticado esquece o ris__co

Me deixei enganar
  B7   EM7
E até me levar por você
  Em6   B/D#
Eu sei quanta tristeza eu tive
D°   C#m
Mas mesmo assim se vive
F#7   BM7 B6 F#m7 B7
Morrendo aos poucos por amor
Fm7(5) Em6 B/D#
Eu sei o coração perdoa
D°   C#m
Mas não esquece à toa
F#   B
E eu não me esqueci

  B EM7 E6
Não vou mudar
EM7 E6 B B6
Esse caso não tem solução
BM7   C#m
Sou fera ferida
   F# BM7 F#m7 B7
No corpo na alma e no coração
  EM7 E6
Não vou mudar
EM7 E6 B B6 BM7
Esse caso não tem solução
B   C#m
Sou fera ferida
   F#   B
No corpo na alma e no coração

Instrumental: **B   C#m   F#   B**

  B BM7
Eu andei demais
     B6
Não olhei pra trás

Era solto em meus passos
  G#m   C#m F#
Bicho livre sem rumo sem laços
  C#m C#m7
Me senti sozinho

Tropeçando em meu caminho
  F#
À procura de abrigo
  F#(#5)   BM7 E/F#
Uma ajuda um lugar um amigo

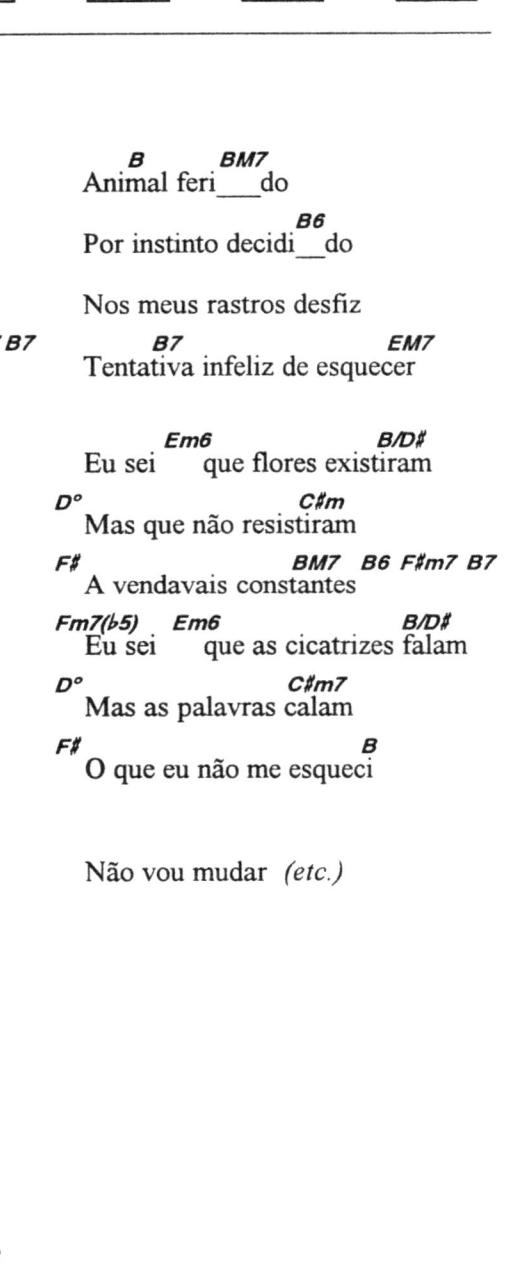

  B BM7
Animal feri___do
    B6
Por instinto decidi__do

Nos meus rastros desfiz
  B7   EM7
Tentativa infeliz de esquecer

   Em6   B/D#
Eu sei que flores existiram
D°   C#m
Mas que não resistiram
F#   BM7 B6 F#m7 B7
A vendavais constantes
Fm7(b5) Em6   B/D#
Eu sei que as cicatrizes falam
D°   C#m7
Mas as palavras calam
F#   B
O que eu não me esqueci

Não vou mudar *(etc.)*

♩ = 103

Intro B(add9)　　　E/F♯　B(add9)　　　　Voz

A - ca-
-bei com tu - do　Es - ca - pei com vi - da　Ti-ve as
dei de - mais　Não o - lhei pra trás　E - ra

rou - pas e os so - nhos　Ras - ga - dos na mi - nha sa - í - da　Mas sa-
sol - to em meus pas - sos　Bi - cho li - vre sem ru - mo sem la - ços　Me sen-

-í fe - ri - do　Su - fo - can - do meu ge - mi - do　Fui o
-ti so - zi - nho　Tro - pe - çan - do em meu ca - mi - nho　À pro-

al - vo per - fei - to　Mui - tas ve - zes no pei - to a - tin - gi - do　A - ni-
-cu - ra de a - bri - go　U - ma a - ju - da um lu - gar um a - mi - go　A - ni-

-mal a - ris - co　Do - mes - ti - ca - do es - que - ce o ris - co　Me dei-
-mal fe - ri - do　Por ins - tin - to de - ci - di - do　Nos meus

-xei en - ga - nar　E a - té me le - var por vo - cê
ras - tros des - fiz　Ten - ta - ti - va in - fe - liz de es - que - cer

©Copyright 1983 by AMIGOS EDIÇÕES MUSICAIS LTDA.
©Copyright 1983 by ECRA REALIZAÇÕES ART. LTD.
Todos os direitos autorais reservados para todos os países. All rights reserved.

Eu sei — quanta tristeza eu tive — Mas mesmo assim se vive — Morrendo aos poucos por amor —
Eu sei — o coração perdoa a — Mas não esquece à toa — A vendavais constantes —
Eu sei — que flores existiram — Mas que não resistiram —
Eu sei — que as cicatrizes falam — Mas as palavras calam —

E eu não me esqueci
O que eu não me esqueci

Não vou mudar — Esse caso não tem solução —

Sou ferida ferida — No corpo na alma — e no coração —

alma — e no coração —

Eu an-

Sou ferida ferida — No corpo na alma — e no coração —

Fade out

Lady Laura

ROBERTO CARLOS e
ERASMO CARLOS

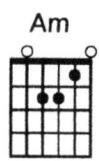

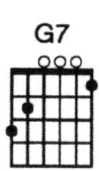

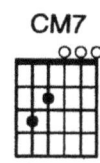

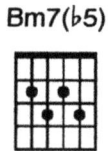

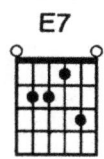

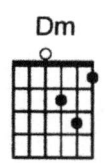

Chord diagrams: Am, Dm7, G7, CM7, Bm7(♭5), E7, Dm

Introdução: **Am7   Dm7   G7   CM7   Bm7(♭5)   E7**

Am   **Dm7**
Tenho às vezes vontade de ser novamente um meni__no
G7   **CM7   Bm7(♭5)   E7**
E na hora do meu desespero gritar por você
Am   **Dm7**
Te pedir que me abrace e me leve de volta pra ca__sa
E7   **Am**
Que me conte uma história bonita e me faça dormir
                               Dm7
Só queria ouvir sua voz me dizendo sorrin___do
G7   **CM7   Bm7(♭5)   E7**
Aproveite o seu tempo você ainda é um meni__no
Am   **Dm7**
Apesar da distância e do tempo eu não posso esconder
E7   **Am**
Tudo isso eu às vezes preciso escutar de você

Lady Laura me leve pra casa
Dm
Lady Laura me conte uma história
G7   **Am**
Lady Laura me faça dormir Lady Laura

Lady Laura me leve pra casa
Dm
Lady Laura me abrace forte
G7   **Am**
Lady Laura me faça dormir Lady Laura

                                       Dm7
Quantas vezes me sinto perdido no meio da noi___te
G7
Com problemas e angústias
                         CM7   Bm7(♭5)   E7
Que só gente grande é que tem
Am   **Dm7**
Me afagando os cabelos você certamente diri___a
E7   **Am**
Amanhã de manhã você vai se sair muito bem

Am   **Dm7**
Quando eu era criança podia chorar nos seus bra___ços
G7   **CM7   Bm7(♭5)   E7**
E ouvir tanta coisa bonita na minha aflição
Am   **Dm7**
Nos momentos alegres sentado ao seu lado eu sorri___a
E7   **Am**
E nas horas difíceis podia apertar sua mão

Lady Laura me leve pra casa
Dm
Lady Laura me conte uma história
G7   **Am**
Lady Laura me faça dormir Lady Laura

Lady Laura me leve pra casa
Dm
Lady Laura me abrace forte
G7   **Am**
Lady Laura me faça dormir Lady Laura

Instrumental: **Am   Dm   G7   CM7   Bm7(♭5)   E7**

Am   **Dm7**
Tenho às vezes vontade de ser novamente um meni__no
G7   **CM7   Bm7(♭5)   E7**
Muito embora você sempre ache que eu ainda sou
Am   **Dm7**
Toda vez que te abraço e te beijo sem nada a dizer
E7   **Am**
Você diz tudo o que eu preciso escutar de você

Lady Laura me leve pra casa *(etc.)*
(fade out)

Lady Laura

ROBERTO CARLOS e
ERASMO CARLOS

♩ = 76

Intro — Am — Dm7 — G7 — CM7 — Bm7(♭5) — E7

Voz — Am

Te-nho às vezes von-ta-de de ser no-va-men-te um me-ni-
ri-a ou-vir su-a voz me di-zen-do sor-rin-
vezes me sin-to per-di-do no mei-o da noi-
e-ra cri-an-ça po-di-a cho-rar nos seus bra-

Dm7 — G7

—no   E na ho-ra do meu de-ses-pe-ro gri-tar por vo-cê
—do   A-pro-vei-te o seu tem-po vo-cê ain-da é um me-ni-
—te   Com pro-ble-mas e an-gús-tias que só gen-te gran-de é que tem
—ços E ou-vir tan-ta coi-sa bo-ni-ta na mi-nha a-fli-ção

CM7 — Bm7(♭5) E7 — Am

Te pe-dir que me a-bra-ce e me le-ve de vol-ta pra ca-
A-pe-sar da dis-tân-cia e do tem-po eu não pos-so es-con-der
Me a-fa-gan-do os ca-be-los vo-cê cer-ta-men-te di-ri-
Nos mo-men-tos a-le-gres sen-ta-do ao seu la-do eu sor-ri-

Dm7 — E7 — Am **1.**

—sa Que me con-te u-ma his-tó-ria bo-ni-ta e me fa-ça dor-mir   Só que
—   Tu-do is-so eu às ve-zes pre-ci-so es-cu-tar de vo-
—a   A-ma-nhã de ma-nhã vo-cê vai se sa-ir mui-to bem
—a   E nas ho-ras di-fí-ceis po-di-a a-per-tar su-a

2. Am — Am — Dm

—cê   La-dy Lau-ra me le-ve pra ca-sa La-dy Lau-ra me con-te u-ma his-tó-ria La-dy
mão   Lau-ra me a-bra-ce for-te La-dy

©Copyright 1983 by AMIGOS EDIÇÕES MUSICAIS LTDA.
©Copyright 1983 by ECRA REALIZAÇÕES ART. LTD.
Todos os direitos autorais reservados para todos os países. All rights reserved.

Laura me faça dormir Lady Laura— Lady Laura— Quantas
Laura— me faça dormir Lady Laura—

Laura—

Tenho às vezes vontade de ser novamente um meni-
-no Muito embora você sempre ache que eu ainda
sou Toda vez que te abraço e te beijo sem nada a dizer— Você
diz tudo que eu preciso escutar de você Lady

Debaixo dos caracóis do seu cabelo

ROBERTO CARLOS e
ERASMO CARLOS

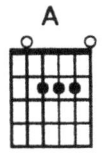

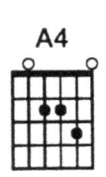

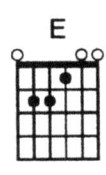

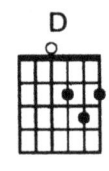

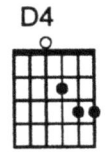

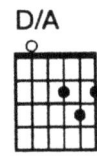

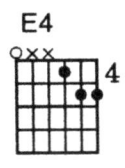

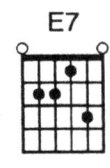

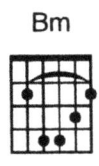

Introdução: **A A4 A E7 A A4 A E7**

   A   **A4 A**
Um dia a areia branca
  D   **D4** **D**
Seus pés irão tocar
  E   **E4**   **E**   **E7**
E vai molhar seus cabelos
A   **D/A** **A**
A água azul do mar
  A
Janelas e portas vão se abrir
D
Pra ver você chegar
 E7
E ao se sentir em casa
  A   **D**   **A**   **E7**
Sorrindo vai chorar

 A
Debaixo dos caracóis
       Bm
Dos seus cabe__los
             E7
Uma história pra contar
             A A4 A E
De um mundo tão distante
 A
Debaixo dos caracóis
       Bm
Dos seus cabe__los
        E7
Um soluço e a vonta__de
                A **A4 A E A A4 A E**
De ficar mais um instan__te

  A
As luzes e o colorido
 D
Que você vê agora

 E7
Nas ruas por onde anda
A **D/A** **A** **E7**
Na casa onde mora
   A
Você olha tudo e nada
  D
Lhe faz ficar contente
   E7
Você só deseja agora
  A   **D** **A** **E7**
Voltar pra sua gente

Debaixo dos caracóis *(etc.)*

Instrumental: **A Bm E7**
5 vezes: **A A4 A E**

 A
Você anda pela tarde
 D
E o seu olhar tristonho
E7
Deixa sangrar no peito
  A   **D/A** **A**   **E7**
Uma saudade um sonho
 A
Um dia vou ver você
 D
Chegando num sorriso
 E7
Pisando a areia branca
  A **D** **A** **E7**
Que é seu paraíso

Debaixo dos caracóis *(etc.)*

Um dia a areia branca
Seus pés irão tocar
E vai molhar seus cabelos
A água azul do mar
Janelas e portas vão se abrir
Pra ver você chegar
E ao se sentir em casa
Sorrindo vai chorar
Debaixo dos caracóis
Dos seus cabelos
Uma história pra contar
De um mundo tão distante

©Copyright 1971 by EMI SONGS DO BRASIL EDIÇÕES MUSICAIS LTDA.
Todos os direitos autorais reservados para todos os países. All rights reserved.

De-bai-xo dos ca-ra-cóis / Dos seus cabe-los / Um so-luço e a von-ta-de / De fi-car mais um ins-tan-te / As lu-zes e o co-lo-ri-do / Que você vê a-go-ra / Nas ru-as por on-de an-da / Na ca-sa on-de mo-ra / Você o-lha tu-do e na-da / Lhe faz fi-car con-ten-te / Você só de-se-ja a-go-ra / Vol-tar pra su-a gen-te / De-

cê an-da pe-la tar-de / E o seu o-lhar tris-to-nho / Dei-xa san-grar no pei-to / U-ma sau-da-de um so-nho / Um di-a vou ver você / Che-gan-do num sor-ri-so / Pi-san-do a a-rei-a bran-ca / Que é seu pa-ra-í-so

Instrumental 4X

Voz — Ao 𝄋₂ e Fade out

Vo-

Eu disse adeus

ROBERTO CARLOS e
ERASMO CARLOS

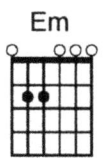

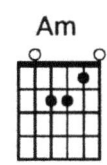

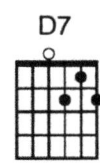

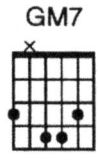

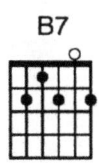

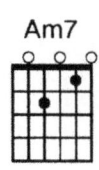

Acordes: Em   Am   D7   GM7   B7   Am7

Introdução: **Em   Am   D7   GM7   B7**

Em
Eu disse adeus

Nem mesmo eu acreditei
Am
Mas disse adeus

E vi cair no chão
D7
Todos os sonhos meus
                    Em
E disse adeus às ilusões também
B7
E aos sonhos meus

Em
Eu disse adeus
                    Am
E vi o mundo inteiro desabar em mim
          D7
Queria ser feliz e acabei assim
               Em
Me condenando a ter recordações,
 B7   **Am   D7   GM7   Em   Am   B7**
Recordações

Am7   **D7**
Vai ser tão triste olhar sozinho
GM7   **Em**
Tudo tudo que era de nós dois
   Am
Mas foi melhor dizer adeus naquela hora
  B7
Pra não chorar depois

Em
Eu disse adeus

Nem mesmo eu acreditei
Am
Mas disse adeus
                 D7
Pisei as ilusões e até os sonhos meus
                                  Em
Me veio o pranto e mesmo assim eu disse adeus
B7   **Am**
Eu disse adeus

                 D7
Vai ser tão triste olhar sozinho
GM7   **Em**
Tudo tudo que era de nós dois
                                    Am
Mas foi melhor dizer adeus naquela hora
                    B7
Pra não chorar depois

           Am   D7   GM7   **Em**
Falado: Eu disse adeus, disse   adeus às ilusões

Eu disse adeus

ROBERO CARLOS e
ERASMO CARLOS

♩ = 78

Eu disse_a-deus Nem mesmo eu a-cre-di-tei Mas
dis-se_a-deus E vi o mun-do_in-tei-ro de-sa-

dis-se_a-deus E vi ca-ir no chão Todos os sonhos meus E
-bar em mim Que-ri-a ser fe-liz e a-ca-bei as-sim Me

1. disse_a-deus às i-lu-sões tam-bém E_aos so-nhos meus Eu

2. con-de-nan-do_a ter re-cor-da-ções   re-cor-da-ções

©Copyright 1969 by EMI SONGS DO BRASIL EDIÇÕES MUSICAIS LTDA.
Todos os direitos autorais reservados para todos os países. All rights reserved.

Vai ser tão tris-te o-lhar so - zi-nho Tu-do__ tu-do que e-ra de nós dois Mas

foi me-lhor__ di-zer a-deus na-que-la ho-ra__ Pra não cho-rar de-pois

Eu dis-se a-deus Nem mes-mo eu a-cre-di-tei Mas

dis-se a-deus Pi - sei as i-lu-sões e a-té os so-nhos meus Me

vei-o o pran-to e mes-mo as-sim eu dis-se a-deus Eu dis-se a-deus

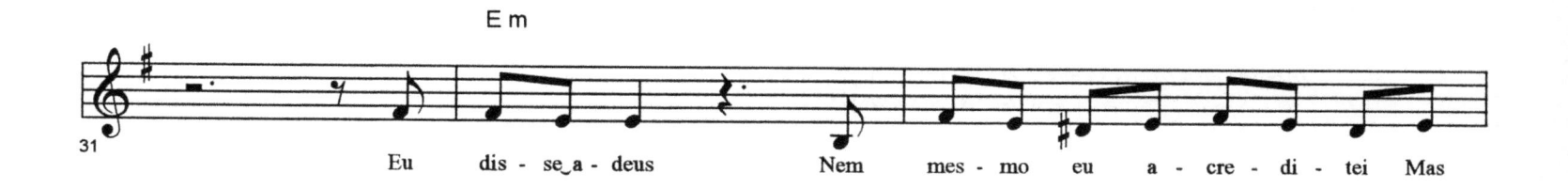

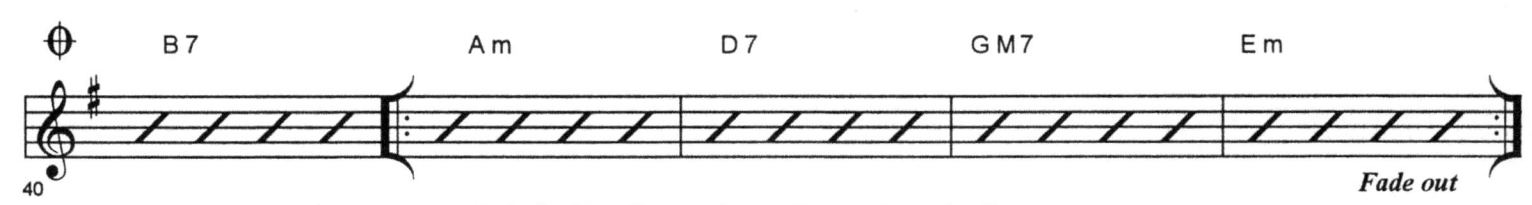

Falado: Eu disse adeus, disse adeus às ilusões...

Fade out

Amada amante

ROBERTO CARLOS e
ERASMO CARLOS

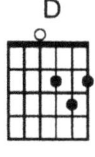

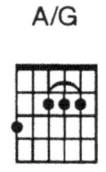

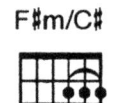

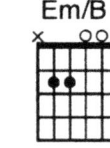

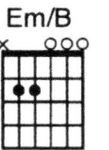

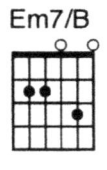

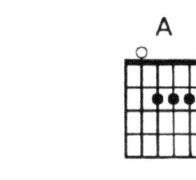

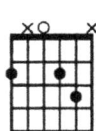

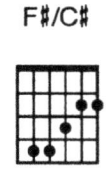

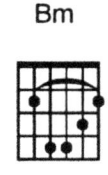

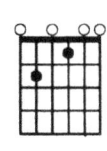

Introdução (duas vezes): **D F#m/C# Em/B**
Em7/B A A/G D/F#

D   F#m/C#   Em/B
Esse amor demais antigo
                A
Amor demais amigo
         A/G   D/F#
Que de tanto amor viveu
D   F#m/C#   Em/B
Que manteve acesa a chama
       Em7/B   A
Da verdade de quem ama
         A/G   D/F#
Antes e depois do amor
D   F#/C#   Bm
E você amada amante
         Bm/A   E7
Faz da vida um instante
                A7
Ser demais para nós dois
D   F#m/C#   Em/B
Esse amor sem preconceito
        Em7/B   A
Sem saber o que é direito
         A/G   D/F#
Faz as suas próprias leis
D   F#m/C#   Em/B
Que flutua no meu leito

         Em7/B   A
Que explode no meu peito
         A/G   D/F#
E supera o que já fez
D   F#/C#   Bm
Nesse mundo desamante
           Bm/A   E7
Só você amada amante
                A7
Faz o mundo de nós dois

D F#m/C# Em/B   Em7/B
A_mada   amante
A   A/G   D/F#
A_mada amante
D F#m/C# Em/B   Em7/B
A_mada   amante
A   A/G   D/F#
A_mada amante

Esse amor demais antigo *(etc.)*

♩ = 72

Intro | D | F#m/C# | Em/B | Em7/B | A | A/G | D/F# |

D / **F#m/C#** / **Em/B** / **Em7/B** / **A** / **A/G**
Es-se a-mor de-mais an-ti-go A-mor de-mais a-mi-go_ Que de tan-to a-mor vi-
Es-se a-mor sem pre-con-cei-to Sem sa-ber o que é di-rei-to_ Faz as su-as pró-prias

D/F# / **D** / **F#m/C#** / **Em/B** / **Em7/B**
-veu Que man-te-ve a-ce-sa a cha-ma_ Da ver-da-de de quem
leis Que flu-tu-a no meu lei-to_ Que ex-plo-de no meu

A / **A/G** / **D/F#** / **D** / **F#/C#**
a-ma_ An-tes e de-pois do a-mor E vo-cê a-ma-da a-
pei-to_ E su-pe-ra o que já fez Nes-se mun-do de sa-

Bm / **Bm/A** / **E7** / **A7**
-man-te Faz da vi-da um ins-tan-te Ser de-mais pa-ra nós dois
-man-te Só vo-cê a-ma-da a-man-te Faz o mun-do de nós dois

D / **F#m/C#** / **Em/B** / **Em7/B** / **A** / **A/G** / **D/F#**
A-ma-da a-man-te_ A-ma-da a-man-te_

Ao 𝄋 e Fade out

Fade out

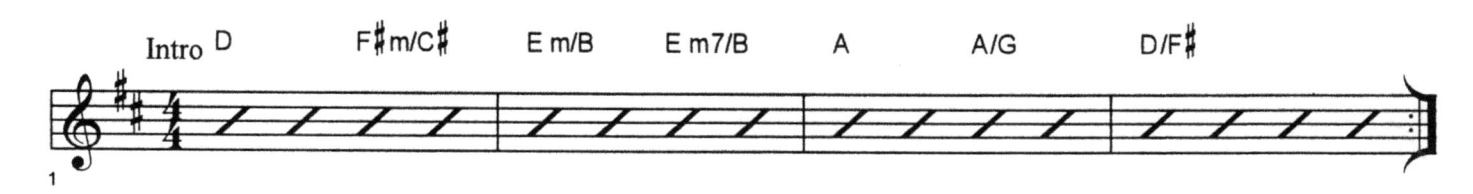

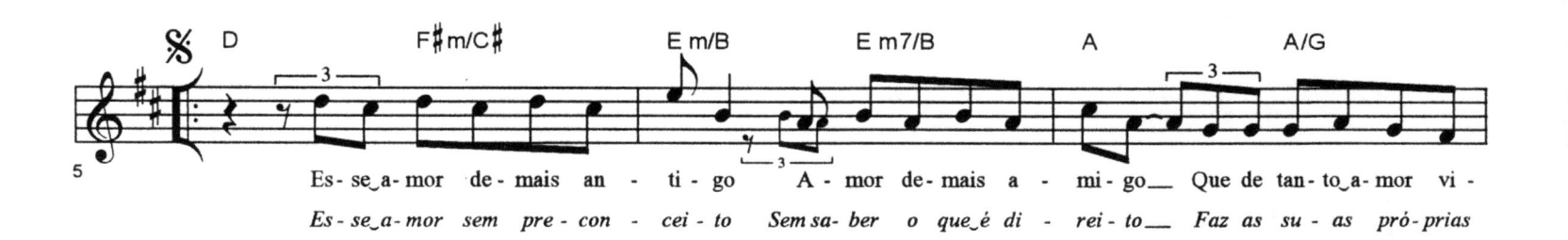

©Copyright 1977 by EMI SONGS DO BRASIL EDIÇÕES MUSICAIS LTDA.
Todos os direitos autorais reservados para todos os países. All rights reserved.

119

Lobo mau

EARNERST MARESKA e
HAMILTON DI GIORGIO

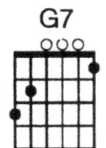

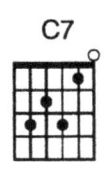

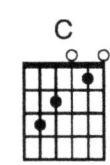

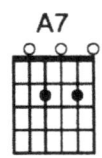

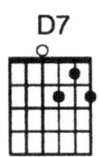

[Chord diagrams: G7, F7, C7, C, A7, D7, F]

Introdução: **G7 F7 C7 G7**

C
Eu sou do tipo que não gosta de casamento

E tudo que eu faço ou falo é fingimento
F7
Eu pego o meu carro e começo a rodar
C
E tenho mil garotas uma em cada lugar
  G7   **F7**
Me chamam lobo mau me chamam lobo mau
  C7   **G7**
Eu sou o tal o tal o tal o tal o tal o tal o tal o tal

C
Eu rodo rodo rodo e nunca penso em parar

Se vejo um broto lindo logo vou conquistar
F7
Todos os rapazes têm inveja de mim
C
Mas eu não dou bola por que sou mesmo assim
  G7   **F7**
Me chamam lobo mau me chamam lobo mau
  C7
Eu sou o tal o tal o tal o tal o tal o tal o tal o tal

G7
Eu estou sempre por aí a rodar

Eu jogo a rede em qualquer lugar

Garotas vivem a brigar por mim
A7   **D7**   **G7**
Mas nem mesmo sei porque sou mau assim

C
Mas sei que gosto de garota a me rodear

Eu gosto de beijar depois então me mandar
 F
E quando estou rodando e não tenho onde ir
C
Fico até na dúvida com qual eu vou sair
  G7   **F**
Me chamam lobo mau me chamam lobo mau
  C   **G7**
Eu sou o tal o tal o tal o tal o tal o tal o tal o tal

Instrumental: **C F7 C G7 F7 C**

Eu estou sempre por aí a rodar *(etc.)*

♩ = 128

Intro | G7 | F7 | C7 | G7

Eu_____

Voz C

sou do ti-po que não gos-ta de ca-sa-men-to___ E tu-do que eu fa-ço ou fa-lo
ro-do ro-do ro-do e nun-ca pen-so em pa-rar___ Se ve-jo um bro-to lin-do lo-go

F7 | C

é fin-gi-men-to___ Eu pe-go o meu car-ro e co-me-ço a ro-dar___ E te-nho mil ga-ro-tas u-ma em
vou con-quis-tar___ To-dos os ra-pa-zes tem in-ve-ja de mim Mas eu não dou bo-la por que

G7 | F7

ca-da lu-gar___ Me cha-mam lo-bo mau___ me cha-mam lo-bo mau___ Eu sou o
sou mes-mo as-sim___ Me cha-mam lo-bo mau___

C7 | G7 (1.) | C7 (2.)

tal o tal o tal o tal o tal o tal o tal Eu tal o tal o tal Eu es-tou

𝄋 G7

sem-pre por a-í a ro-dar___ Eu jo-go a re-de em qual-quer lu-gar___ Ga-ro-tas

A7 | D7 | G7

vi-vem a bri-gar por mim___ Mas nem mes-mo sei por-que sou mau as-sim___ Mas

©Copyright by WARNER CHAPPELL EDIÇÕES MUSICAIS LTDA.
Todos os direitos autorais reservados para todos os países. All rights reserved.

sei que gos-to de ga-ro-ta_a me ro-de-ar___ Eu gos-to de bei-jar de-pois en-

-tão me man-dar___ E quan-do_es-tou ro-dan-do e não te-nho on-de ir

Fi-co_a-té na dú-vi-da com qual eu vou sa-ir Me cha-mam lo-bo mau___ me cha-mam

lo-bo mau___ Eu sou o tal o tal o tal o tal o tal o tal o tal

Improviso de sax

Eu es-tou

tal o tal o tal Me cha-mam lo-bo mau___ me cha-mam lo-bo mau___ Eu sou o tal o tal o tal o

Fade out

O show já terminou

ROBERTO CARLOS e
ERASMO CARLOS

Introdução: **Cm   Cm/Bb   AbM7   Fm7   Cm7   Gm7**
             G7(b9)   Cm7

Fm7
O show já terminou
Bb7
Vamos voltar a realidade
EbM7
Não precisamos mais
AbM7
Usar aquela maquiagem
Dm7(b5)
Que escondeu de nós
G7   **Cm   Cm/Bb**
Uma verdade que insistimos em não ver
Fm7
Não adianta mais
Bb7
Chorar o amor que já tivemos
EbM7
Existe em nosso olhar
AbM7
Alguma coisa que não vemos
Dm7(b5)
E nas palavras
G7   **Cm**
Existe sempre alguma coisa sem dizer

Dm7(b5)   **G**
E é bem melhor que seja assim
Cm
Você sabe tanto quanto eu
Cm/Bb   **Fm/Ab**   **Bb7**   **Gm7**
No nosso caso felicidade começa num adeus
Cm7   **Fm7**
Me abrace sem chorar
Bb7
Sem lenço branco na partida
EbM7
Eu também vou tentar
AbM7
Sorrir em nossa despedida
Dm7(b5)
Não fale agora
G7
Não há mais nada
Cm   **Cm/Bb**
O nosso show já terminou

Instrumental: **AbM7   Bb7   EbM7   AbM7**
                Dm7(b5)   G7   Cm   Cm/Bb

E é bem melhor que seja assim *(etc.)*

FINAL:
                        Fm7   Fm6   Cm
O nosso show já terminou

O show já terminou

ROBERTO CARLOS e
ERASMO CARLOS

O show já terminou / Vamos voltar a realidade / Não precisamos mais / Usar aquela maquiagem / Que escondeu de nós / Uma verdade que insistimos em não ver / Não adiante mais / Sem pre alguma coisa sem dizer

Chorar o amor que já tivemos / Existe em nosso olhar / Alguma coisa que não vemos / E nas palavras / Existe sempre alguma coisa sem dizer

Sem lenço branco na partida / Eu também vou tentar / Sorrir em nossa despedida / Não fale agora / Não há mais nada / O nosso show já terminou

©Copyright 1973 by EMI SONGS DO BRASIL EDIÇÕES MUSICAIS LTDA.
Todos os direitos autorais reservados para todos os países. All rights reserved.

125

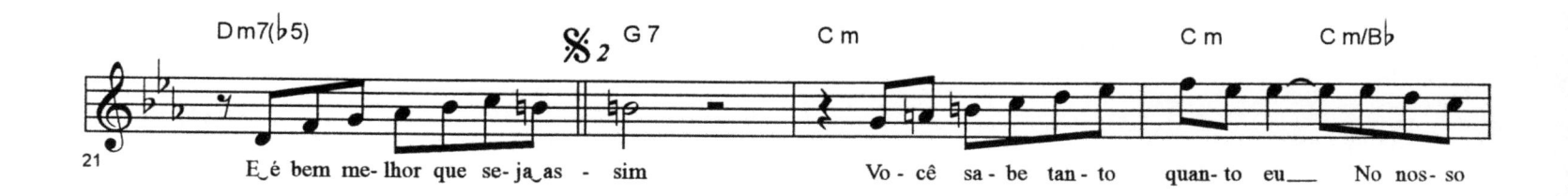

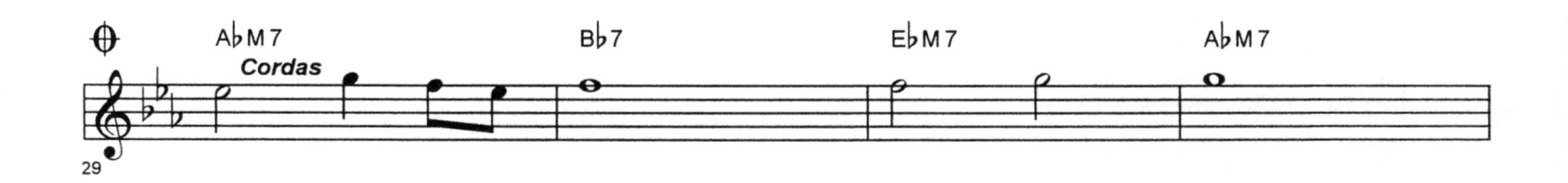

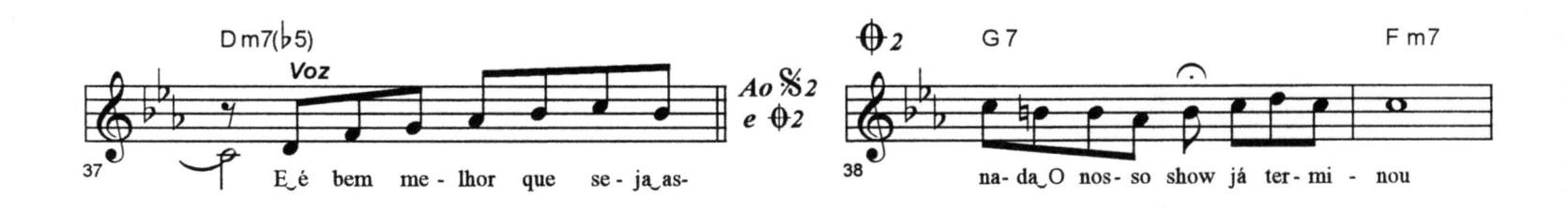

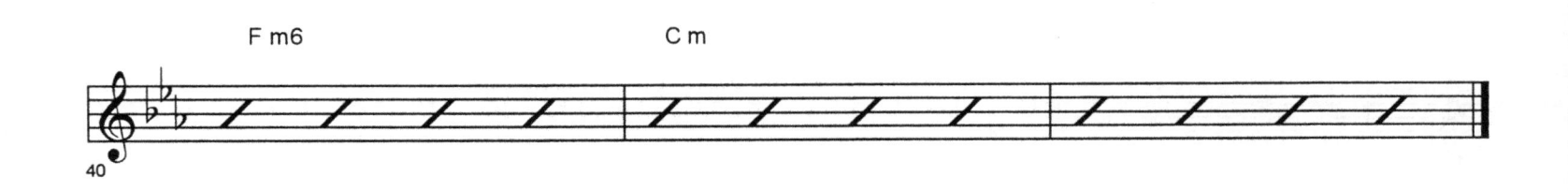

Eu daria a minha vida

MARTINHA

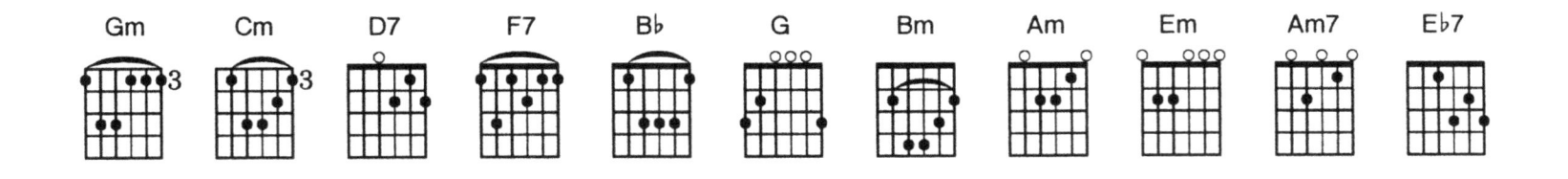

Introdução: **Gm Cm D7 Gm**

```
Gm            Cm        D7           Gm
Eu daria minha vi_da para te esquecer
Cm         D7                  Gm
Eu daria minha vi_da pra não mais te ver
Gm            Cm        D7           Gm
Eu daria minha vi_da para te esquecer
Cm         D7                  Gm
Eu daria minha vi_da pra não mais te ver

Cm       F7         Bb            Gm
Já não tenho nada a não ser você comigo
Cm         F7        Bb                 D7
Sei que é preciso esquecer mas não consigo

Gm            Cm        D7           Gm
Eu daria minha vi_da para te esquecer
Cm         D7                  G
Eu daria minha vi_da pra não mais te ver
```

```
              Bm       Am    D7
Digo a todo mundo nunca mais verei
    G         Bm       Am     D7
Aqueles olhos tristes que eu tanto amei

Cm                       G        Em
Mas existe em mim um coração apaixonado
  Am7 Eb7   D7
Que diz  só pra mim

    Gm             Cm        D7      Gm
Que eu daria minha vi_da pra você voltar
    Cm          D7              G
Que eu daria minha vi_da pra você ficar
```

Instrumental (duas vezes): **G Bm Am D7**

Mas existe em mim um coração apaixonado *(etc.)*

ser você comigo Sei que é preciso esquecer mas não consigo

Eu daria a minha vi-da para te esquecer
Que eu daria a minha vi-da pra você voltar
ficar

Eu daria a minha vi-da pra não mais te ver
Que eu daria a minha vi-da pra você ficar
vol-

Digo a todo mundo nunca mais verei Aqueles olhos tristes que eu

tanto amei Mas existe em mim um coração apaixo-

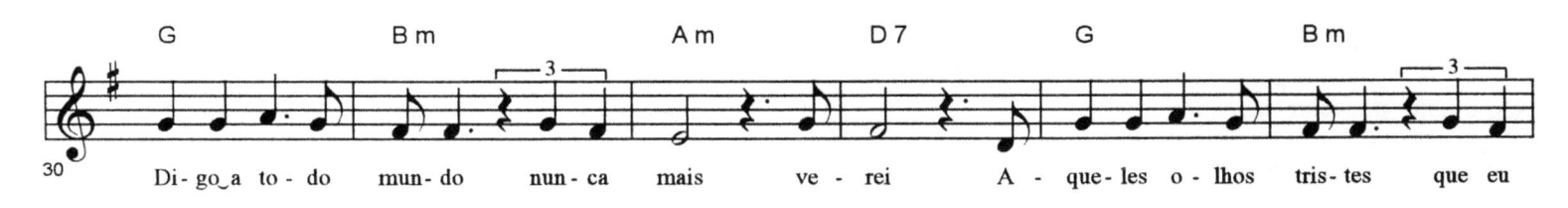

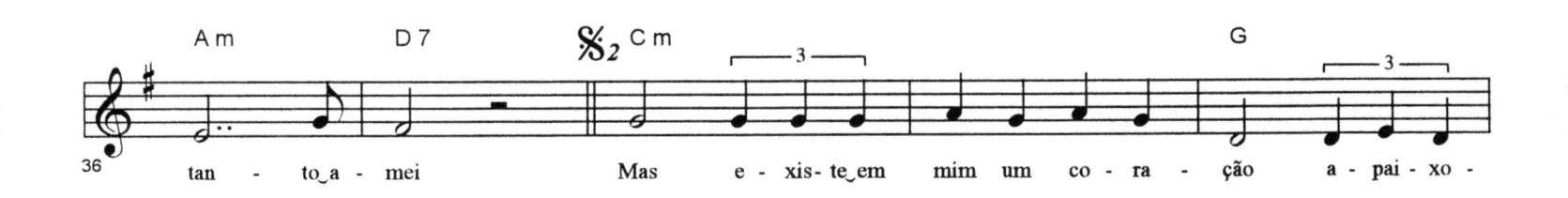

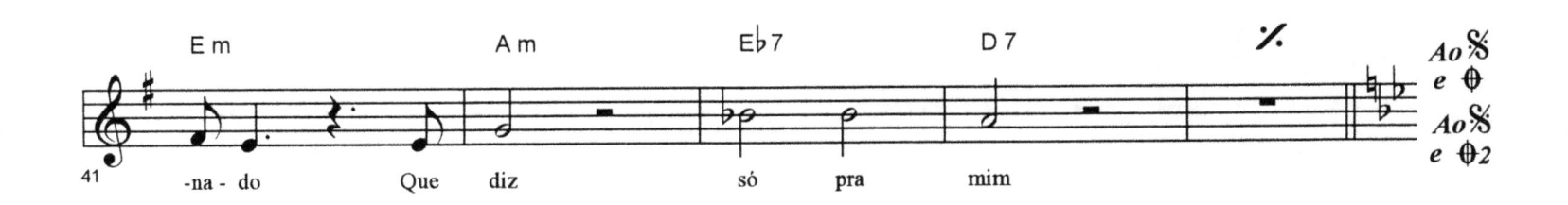

-nado Que diz só pra mim

Solo de celesta

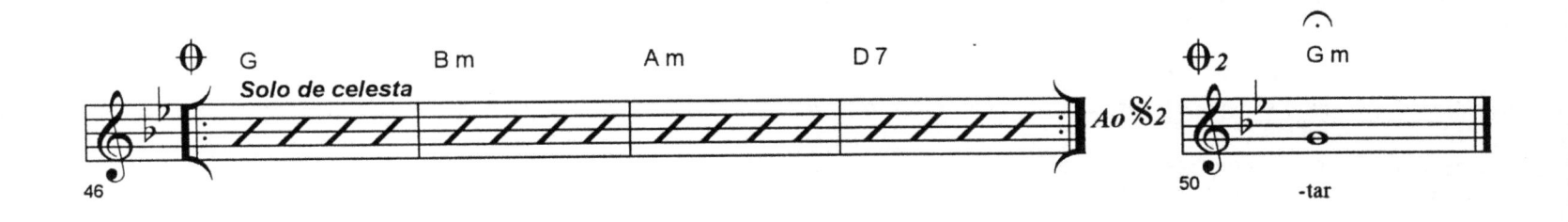

-tar

Não é papo pra mim

ROBERTO CARLOS e
ERASMO CARLOS

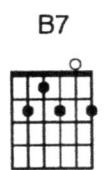

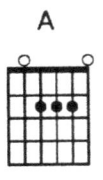

[B7] [E] [A] [E7]

Se em festa de família *(B7)*

O assunto é casamento

Eu finjo que não ouço

Essa escola eu não frequento

Eu mudo de assunto *(E)*

Falo até de futebol *(A)*

Casamento enfim *(B7)*

Não é papo pra mim *(E A)*

Ãh hã não é papo pra mim *(E A E A E)*

E quando alguém comenta *(B7)*

Você deve se casar

Procure uma garota

Pra você gostar

Eu peço até desculpas *(E)*

Vou lá fora passear *(A)*

Pois casamento enfim *(B7)*

Não é papo pra mim *(E A)*

Ãh hã não é papo pra mim *(E A E A E)*

Talvez um dia quem sabe *(A)*

Encontre a felicidade *(E)*

Achando alguém pra valer *(B7)*

Até morrer *(E)*

Mas por enquanto eu não *(A)*

Não ponho argola na mão *(E)*

Pois casamento *(B7)*

Não é papo pra mim *(E A)*

Ãh hã não é papo pra mim *(E A E A E)*

Instrumental: **B7 E7 A**

Pois casamento enfim *(B7)*

Não é papo pra mim *(E A)*

Ãh hã não é papo pra mim *(E A E A E)*

Talvez um dia quem sabe *(etc.)*

mu - do de as - sun - to Fa - lo a - té de fu - te - bol Ca - sa - men - to en - fim Não é pa - po pra mim
pe - ço a - té des - cul - pas Vou lá fo - ra pas - se - ar pois Ca - sa -

Ãh hã não é pa - po pra mim E Tal - vez um

di - a quem sa - be En - con - tre a fe - li - ci - da - de A - chan - do al - guém pra va - ler A - té mor -

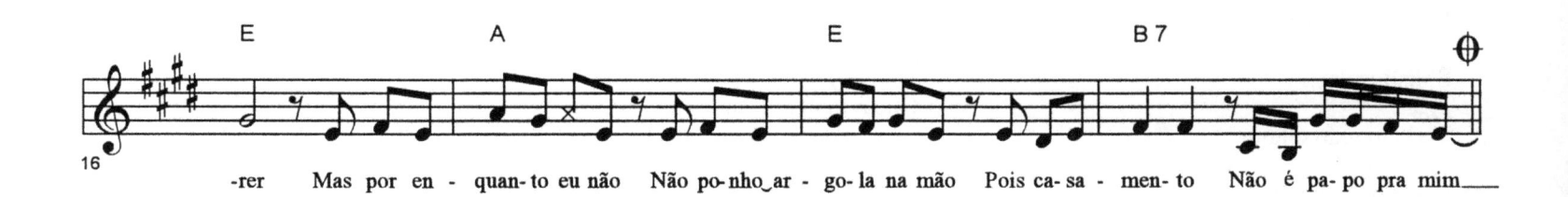

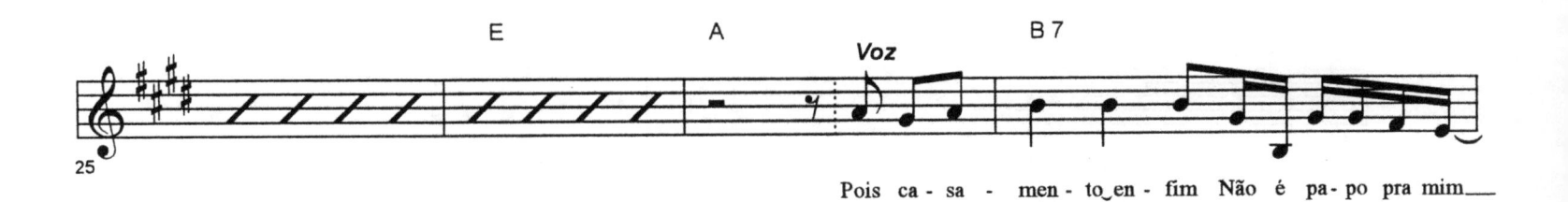

-rer Mas por en - quan - to eu não Não po - nho ar - go - la na mão Pois ca - sa - men - to Não é pa - po pra mim

Solo de guitarra

Ãh hã não é pa - po pra mim

Voz

Pois ca - sa - men - to en - fim Não é pa - po pra mim

Ãh hã não é pa - po pra mim Tal - vez um   não é pa - po pra mim

Fade out

Splish splash

BOB DARIAN e JEAN MURRAY
Versão: ERASMO CARLOS

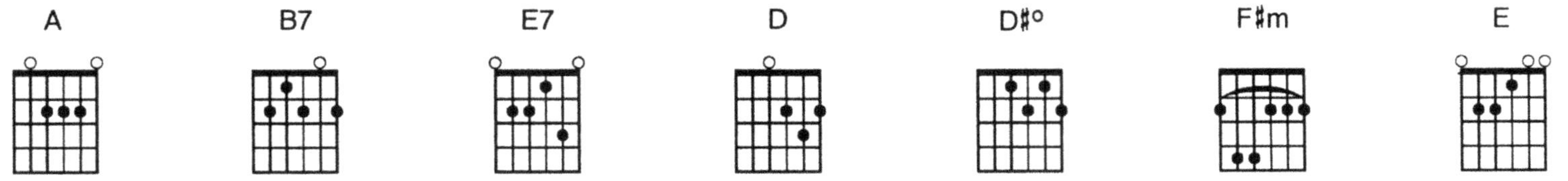

| A | B7 | E7 | D | D#° | F#m | E |

A
Splish splash

Fez o beijo que eu dei
A
Nela dentro do cinema

Todo mundo olhou me condenando
B7   **E7**
Só por que eu estava amando
  A
Agora lá em casa todo mundo vai saber
   D
Que o beijo que eu dei nela
  D#°
Fez barulho sem querer, yeah

A
Splish, splash
F#m
Todo mundo olhou
B7   **E7**
Mas com água na boca
  A
Muita gente ficou, iê, iê

A
Splish, splash

Iê, iê, splish, splash

Splish splash

       D
Splish, splash **A**
              E D A E7
Splish, splash

   A
Splish, splash

Fez o tapa que eu levei

Dela dentro do cinema

Todo mundo olhou me condenando
B7   **E7**
Só porque eu estava apanhan_do
  A
Agora lá em casa todo mundo vai saber
   D
Que o tapa que eu levei
  D#°
Fez barulho e fez doer, yeah

A
Splish, splash
F#m
Todo mundo olhou
B7   **E7**
Mas com água na boca
  A
Ninguém mais ficou, iê, iê

A
Splish, splash

Splish, splash
       D
Splish splash

A
Splish

Splish
              E D A E7
Splish, splash

A
Splish, splash

Fez o beijo que eu dei *(etc.)*

A
Splish, splash

Splish, splash

Splish, splash

Splish, splash

♩ = 140

Intro — A — Voz — N.C. — A — B7

S-plish s-plash Fez o bei-jo que_eu dei___ Ne-la den-tro do ci-ne-
___-ma   To-do mun-do_o-lhou me con-de-nan-do   Só por que_eu es-ta-va_a-man-

©Copyright by EMI UNART MUSIC.
©Copyright by EMI SONGS DO BRASIL EDIÇÕES MUSICAIS LTDA.
Todos os direitos autorais reservados para todos os países. All rights reserved.

___-do A-go-ra lá em ca-sa to-do mun-do vai sa-ber Que_o bei-jo que_eu dei ne-la fez ba-

-ru-lho sem que-rer y-eah S-plish s-plash To-do mun-do_o-lhou__ Mas com á-gua na bo-ca mui-ta

gen-te fi-cou__ I-ê iê__ S-plish s-plash I-ê iê__ s-plish s-plash S-plish s-

-plash S-plish s-plash S-plish s-plash

Vocalise

Guitarra *Voz* S-plish s-plash Fez o ta-pa que_eu le-vei__

De-la den-tro do ci-ne__-ma To-do mun-do_o-lhou me con-de-nan-do Só por que_eu es-ta-va_a-pa-nhan__

___-do A-go-ra lá em ca-sa to-do mun-do vai sa-ber Que_o ta-pa que_eu le-vei__ fez ba-

131

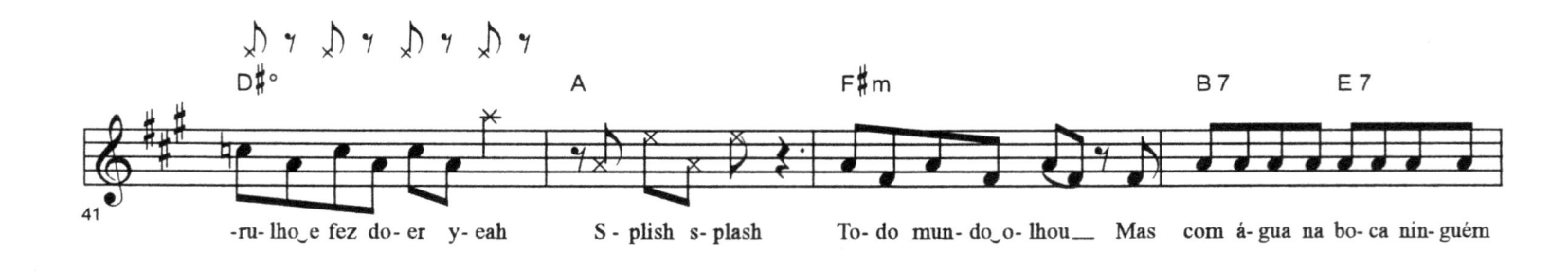

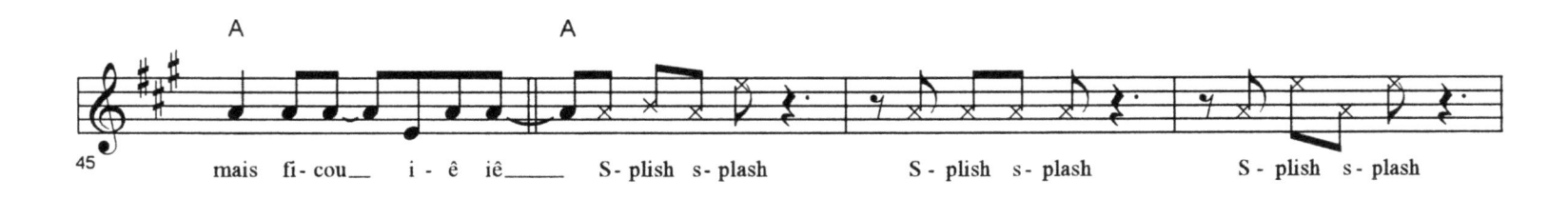

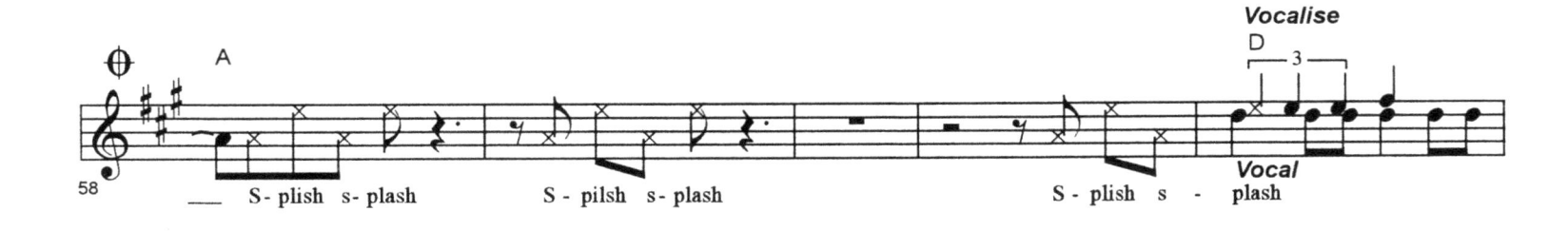

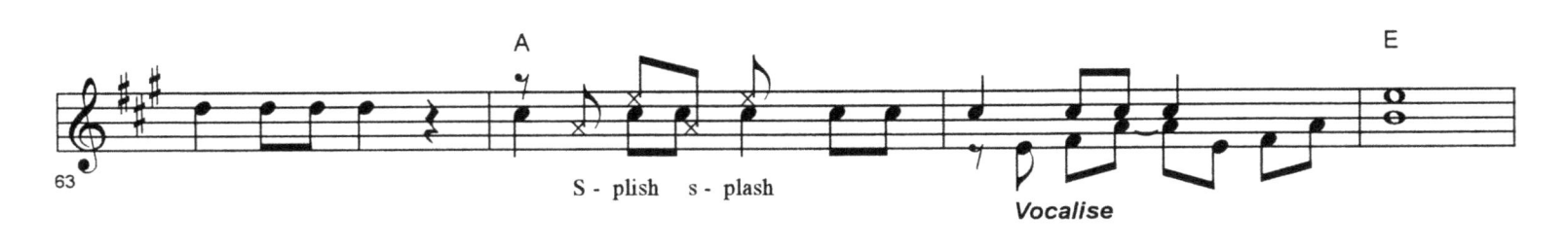

-rulho e fez doer y-eah S-plish s-plash To-do mun-do o-lhou Mas com á-gua na bo-ca nin-guém mais fi-cou i-ê iê S-plish s-plash S-plish s-plash S-plish s-plash iê iê iê iê iê S-plish s-plash S-plish s--plash S-plish s-plash S-pilsh s-plash S-plish s-plash S-plish s-plash